가야로 가야지

쉽고 재미있는 가야역사

가야로 가야지
쉽고 재미있는 가야역사

초판 1쇄 발행 2023년 9월 25일
초판 2쇄 발행 2024년 6월 1일

지은이   김훤주
펴낸이   임용일

편집책임   김훤주
디자인   송은정
유통·마케팅   정원한

펴낸곳   도서출판 피플파워
주소   (우)630-811 경상남도 창원시 마산회원구 삼호로38(양덕동)
전화   (055)250-0190
홈페이지   www.idomin.com
블로그   peoplesbooks.tistory.com
페이스북   www.facebook.com/pepobooks

ISBN   979-11-86351-60-4(03910)

《 가야고분군 유네스코 세계유산 등재 기념 》

가야로 가야지

쉽고 재미있는 가야역사

김원주 지음

머리말   10

제1부 가야는 어떤 나라였을까?

훑어보기   16
가야는 이름 부자   17
대표하는 이름이 따로 있었다   19
가야의 활동 무대는 어디까지?   20
가야의 시작은 언제부터?   22

가야의 역사(전기)   24
철의 왕국 가야의 탄생   25
가야의 화폐는 무엇이었을까?   26
가야 철소재의 인기 비결은   28
김수로와 석탈해 대결의 의미는?   30
언제까지나 걸을 순 없었던 꽃길   30
농수산물도 풍성했던 철의 나라   31
중국과 일본의 중계기지 가야   33
고구려의 낙랑·대방군 함락   35
위기는 기회로, 기회는 위기로   36
가락국이 지다   37

가야의 역사(후기)   39
새롭게 떠오르는 가야   40
대가야는 어떻게 가락국을 대신했을까?   42
미니어처 농기구는 어디에 쓰였을까?   44
대가야의 번성과 쇠락   45
가라왕 하지의 사신은 어떻게 중국에 갔을까?   47

언제나 넘버투였던 아라가야는 강했다 49

아라고당회의를 개최하다 50

가야의 종말 52

궁금한 이야기 56

가야 기록이 부실한 이유는 무엇일까? 57

포상팔국은 어디에? 58

포상팔국은 왜 전쟁을 일으켰을까? 60

과거가 지금에게 건네는 이야기, 순장 61

순장에도 공식이 있었다 64

규모가 남다른 대가야의 순장 65

순장, 그 시작과 끝은 69

최강 군사력은 어느 가야였을까? 71

말의 일본 전래와 대가야 75

말은 화물차다? 장갑차다? 76

금공품도 전해주고 78

제2부 가야고분군을 찾아서

경상남도 김해시 82

구지봉만큼 신성했던 대성동고분군 83

무덤 위에 무덤을 만들다 84

봉분은 사라지고 흔적만 남아 86

청동기시대 무덤인 고인돌도 87

전국 유일 가야 전문 국립김해박물관 89

쓰레기장을 품은 봉황동 유적 92

대성동고분군과 짝을 이루는 왕성 자리 93

대성동과 어깨를 겨룬 양동리 95

국제 교류의 중심 김해는 항구 부자 96

조선 도로보다 튼튼했던 가야 도로 98

가락국에서 가장 신성한 구지봉 99

수로왕릉과 허왕후릉의 원래 모습은? 102

부부인데도 무덤이 떨어져 있는 까닭은? 104

경상북도 고령군 106

산성과 왕궁, 그리고 고분군 107

높이는 그대로인데 지름은 작아지고 109

공유에서 전유로 109

신라에서 백제로 다시 신라로 111

처음엔 아래에 나중엔 위로 112

무덤에서 웬 음식물이 113

최초의 왕릉급 제73호분 114

최초의 석재 대형분 제75호분 116

가장 크고 도드라진 제5호분 117

특이한 순장으로 유명한 제30호분 119

부부 두 쌍이 나란히 제32~35호분 120

순장이 가장 많은 제44호분 123

빈 순장곽은 무슨 연유로? 125

제45호분은 제44호분의 왕비? 126

불교 수용의 증거 고아리 벽화고분 128

마지막 왕릉급 고아2리 고분 129

대가야 흙방울에 담긴 건국신화 129

새 위계에 걸맞게 건국신화를 새롭게 132

전라북도 남원시 　　　　　　134
유곡리와 두락리 고분군 　　　　135
전라권 최초의 가야계 국가 사적 　　136
중국산 청동거울과 백제산 금동신발 　138
다른 가야의 여러 문물도 　　　140
활발한 교류의 원인은 풍부한 철 생산 　141
여러 우여곡절이 담긴 제36호분 　　142
전라권 가야가 처음 확인된 월산리고분군 　143
온전하게 출토된 중국산 제품들 　　144
운봉고원 최초의 대가야계 고분은 　146
바뀐 양식과 바뀌지 않은 양식 　　148

전라북도 장수군 　　　　　　151
백두대간 서쪽의 유일한 가야 세력 　152
동촌리고분군의 말편자 　　　154
장계분지 가야 고분의 집게·망치·모루 　154
운봉고원보다 많은 제철유적 　　156
봉수의 종착지는 장계분지 　　158
전북 동부 가야의 자율성은 얼마나? 　160

경상남도 합천군 　　　　　　162
이주민이 주인이 되다, 옥전고분군 　163
신라계와 백제식은 무슨 이유로? 　165
구슬이 지천으로 널린 구슬밭 　　166
작지만 다채로운 합천박물관 　　168
살기 좋았던 자리, 성산토성 　　169

해인사 국사단에 모셔진 정견모주 170
월광태자는 월광사지를 거닐었을까? 172
세 사람의 엇갈린 운명, 신라 충신 죽죽비 174

경상남도 함안군 177
탁월한 입지 선정, 말이산고분군 178
질서정연한 무덤은 다 계획된 것 179
거대한 봉분의 숨은 비결 182
말이산과 통합된 남문외고분군 183
딱 봐도 아라가야, 함안박물관 184
아라가야의 왕성, 가야리 유적 188
초대형 고대 건물터 당산유적 190
성산산성은 가야일까, 신라일까? 192

경상남도 창녕군 195
두세 집단이 공존한 교동과 송현동 고분군 196
특징이 많다는 특징 198
신라와 친하면서 독자성도 지켰다 199
또 하나의 비화가야 계성고분군 201
가야 최대 고분이 여기에 202
순장 소녀 송현이의 환생, 창녕박물관 203
가야의 여명을 여는 창녕지석묘 206

경상남도 고성군 208
이어붙이기로 초대형? 송학동고분군 209
일본의 오해가 밝혀지다 210

여러 계통의 유물이 한꺼번에 쏟아지다   211
내산리고분군, 해상교역의 주인공들   213
센 가야 사람들의 자취, 고성박물관   215
동외동패총과 솔섬 유적   218
송학동고분군을 지키는 만림산토성   219

기타 중요 유적   221
우리 옻칠이 확인된 창원 다호리 고분군   222
문자 생활의 증거도   222
2000년 세월에도 온전했던 통나무널   224
어떻게 살아남았지? 창원 성산패총   225
일제가 망가뜨린 진주 옥봉·수정봉고분군   227
백제가 왜 여기에, 의령 중동리고분군   228
겉은 가야 속은 신라, 양산 북정리고분군   230
네가 왜 거기서 나와? 산청 전구형왕릉   231
남강 물길 따라 들어선 산청 생초고분군   233
임나일본부설을 깨뜨린 운평리고분군   235
섬진강 서쪽에도 가야가   236
낙동강 동쪽의 가야 복천동고분군   238
삼국유사의 그 가야 성산동고분군   240
신라 지배 아래서도 위세를 유지한 비결   241

가야 유물 박물관·전시관   243

유네스코 세계유산 등재 가야고분군
세계인이 인정한 가치 우리도 알아야

2023년 9월 가야고분군의 유네스코 세계유산 등재가 결정되었습니다. 심사 과정에서 "주변국과 공존하면서 자율적이고 수평적인 독특한 체계를 유지해 온 '가야'를 잘 보여주며 동아시아 고대 문명의 다양성을 나타내는 중요한 증거"라는 좋은 평가를 받아 오랜 염원 끝에 결실을 맺게 되었습니다.

유네스코 세계유산은 규모나 미적인 기준으로 정해지는 것만은 아닙니다. 해당 국가뿐만 아니라 인류 전체를 위하여 보호할 필요가 있는 보편적 가치가 있어야 합니다. 이번 등재로 가야고분군은 세계적인 고대 유산으로 인정을 받게 된 것입니다.

가야는 한반도 남부 영호남에서 600년가량 실존한 우리 고대사의 주역이었습니다. 그럼에도 오랫동안 역사의 미아 신세를 벗어나지 못했습니다. 고구려·백제·신라의 각축전에 치이다가 가뭇없이 사라진 존재로만 치부되었습니다. 그러다 보니 가야 하면 정체 모를 신비에 싸인 나라 정도로 여기는 일이 다반사였습니다.

최근 활발한 발굴을 통해 실체가 드러나면서 가야에 대한 인식이 예전보다는 훨씬 나아졌습니다. 하지만 그래도 여전히 단편적인 수준에 머무는 한계가 있습니다. 이런 문제를 해결하기 위해서는 무엇보다 가야의 600년 역사를 일목요연하게 조망할 수 있는 종합 개설서의 필요성을 많이 느끼게 되었습니다.

한 걸음 더 나아가 다양한 사실들을 구체적으로 풀어놓는 것까지 더할 수 있다면 좀더 도움이 될 것 같았습니다. 개별 지역마다 크고 높은 봉분을 쌓을 수 있었던 배경, 공동체를 지배하고 호령했던 주인공들의 모습, 여러 나라들과 맺었던 관계와 교류가 어떠했는지 등 궁금한 이야기는 참으로 많습니다.

'전체 조망은 일목요연하게, 개별 서술은 구체적으로'라는 투 트랙을 기본으로 삼아 『가야로 가야지』 집필을 시작했습니다. 먼저 『가야고분군 연구총서』를 살폈고 미진한 구석이 있으면 관련 논문을 하나씩 찾아 실마리를 풀어나갔습니다. 새로운 사실을 알게 되면 반

드시 현장을 찾아 다시 확인하고 제대로 이해하면서 바로잡는 작업
을 반복했습니다.

무엇보다 대중의 눈높이에 맞추어 쉽게 쓰기 위해 노력했습니다. 전
문가나 학자가 아니면 읽어내기 어려운 그동안의 가야사에서 벗어나
고 싶었습니다. 물론 부족한 점도 분명히 있습니다. 전문가가 아닌
역사애호가로서 의무감 6 궁금증 4로 작업했기 때문입니다. 반면
많은 이들이 가야에 좀더 편하게 다가설 수 있는 장점도 있지 않을
까 싶습니다.

1부는 가야사에 관심이 있는 분이라면 누구라도 어렵지 않게 접근
할 수 있도록 생성에서 소멸까지 전체적인 흥망성쇠의 흐름을 따라
구성을 했습니다. 그러면서 전설이나 신화에 대한 재해석을 더했고
대중의 관심이나 궁금증을 충족시킬 수 있는 내용을 추가했습니다.

2부는 먼저 김해·고령·남원·장수·합천·함안·창녕·고성 등 가야

고분의 밀집도가 높은 여덟 군데를 골라 그 역사와 문화유산을 담았습니다. 이 가운데 장수에 있는 가야고분군은 이번에 아쉽게도 유네스코 세계유산으로 등재되지 못했습니다. 그리고 마지막에는 여덟 개 시·군 이외의 지역에 분포되어 있는 가야 관련 중요 유물과 유적을 골라 정리했습니다.

가야의 역사는 책을 통해 알아가는 것도 흥미롭습니다. 하지만 현장을 찾아 상상력을 펼치면 가야사는 훨씬 실감 나게 되살아날 것입니다. 현장 탐방 안내서로서의 역할도 염두에 두고 꾸몄습니다. 아울러 가야를 알리고 역사에 대한 자긍심을 높이는 데 일조할 수 있기를 바라는 소박한 기원도 함께 담았습니다.

2023년 9월
김훤주

철기 문명을 바탕으로 가야가 성립이 되었지만 그렇다고

철기시대의 시작이 곧바로 가야의 성립인 것은 아닙니다.

가야에 앞선 시기의 철기시대를 역사에서는

삼한시대라고 하는데 삼한은 마한·진한·변한을 가리킵니다.

이 가운데 변한은 가야의 뿌리이고

시작이라고 보면 대체로 맞아 들어갑니다.

제1부

가야는
어떤 나라였을까?

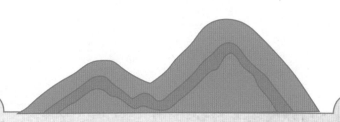

훑어보기

가야는 이름 부자

고구려·백제·신라는 우리가 너무나 익숙하게 알고 있습니다. 그런데 가야는 어떤가요? 대부분 사람들은 가야 하면 경남 김해 가락국 정도를 가장 먼저 꼽지 않을까 싶습니다. 가락국은 김수로왕과 더불어 국립김해박물관을 중심으로 널리 알려져 있으니까요.

다음으로 경북 고령의 대가야와 함안 아라가야 정도이고, 고성 소가야(고자국)나 창녕 비화가야까지 알고 있다면 역사에 관심이 많은 사람이구나 그리 생각을 하게 됩니다. 앞에서 꼽은 5개 나라 말고도 남아 있는 고분의 규모로 보자면 합천 다라국과 전북 남원의 기문국 등 2개가 더해집니다.

일연 스님이 쓴 『삼국유사』에는 가락국(금관가야), 아라가야, 고령가야(경북 상주 함창면), 대가야, 성산가야(경북 성주), 소가야, 비화가야 이렇게 7개 나라의 이름이 나옵니다. (금관가야는 고려 태조 왕건이 처음 썼는데 '금관'은 가락국을 멸망시킨 신라가 김해에 붙인 지명입니다.) 그렇다면 이 정도가 가야의 전부였을까요? 여러 기록을 살펴보면 그동안 우리가 알고 있었던 가야는 아주 일부에 불과하다는 것을 알 수 있습니다.

중국 위나라 진수가 쓴 역사책 『삼국지』의 '위서 동이전'에는 더 많은 이름이 등장합니다. 고대 한반도의 진한·변한을 서술하면서 나라 이름을 24개 적었는데 그 절반인 12개를 변한에 있는 나라라고 했습니다. 진한과 변한은 대체로 신라와 가야의 시작으로 보면 맞습니다.

변한으로 꼽은 나라 이름을 살펴보면 이렇습니다. 변진미리미동 국(밀양), 변진접도국, 변진고자미동국(고성), 변진고순시국, 변진반로국 (고령), 변낙노국, 변진미오야마국, 변진감로국, 변진구야국(김해), 변진 주조마국, 변진안야국(함안), 변진독로국(거제 또는 부산 동래) 등입니다. 진한에 속하는 12개 나라 가운데는 불사국이 있는데 이는 나중에 비화가야가 되지요.

일본의 고대 역사서 『일본서기』에도 가야의 여러 이름이 나옵 니다. 가라국(김해), 안라국(함안), 사이기국, 다라국(합천), 졸마국, 고 차국(고성), 자타국, 산반해국(의령 신반면), 걸찬국, 염례국, 탁순국(창 원), 탁기탄국(김해 진영읍 또는 창녕 영산면), 기문국(전북 남원) 반파국(고 령 또는 장수·진안) 등 자주 언급되는 것만 해도 모두 14개입니다. 그러 니 한두 번 나오는 이름까지 더하면 훨씬 많아집니다.

1990년대 이후 활발하게 진행된 발굴 조사를 통해서도 가야라 고 할 수 있는 개별 집단 세력이 많았음을 확인할 수 있습니다. 시 간과 공간을 잘게 쪼개서 보면 숱하게 많은 세력과 집단으로 나눠진 다는 것이지요. 하지만 뭉뚱그려서 보면 대체로 12개보다는 많은 세 력이 줄기를 이루며 줄곧 이어져 왔다고 볼 수 있을 것 같습니다.

사람들은 이처럼 널리 알려진 몇몇 말고도 엄청나게 많은 가야 가 있었다는 사실에 놀라기도 합니다. 역사에 관심이 있거나 역사를 전공한 경우라면 사정이 다르겠지만 대부분 사람들의 인식은 학교에 서 교과서로 배운 역사에서 크게 벗어나지 않습니다.

이런 현실에 비추어보자면 고구려·백제·신라처럼 비중을 크게 두고 다루는 세 나라에 비해 가야의 역사가 대중적이지 못한 것은 어쩌면 당연한 일인지도 모르겠습니다. 이름이 너무 많다보니 헷갈리기도 하고 오히려 가야에 대한 관심을 분산시키기도 합니다.

고구려는 고려와 고구려, 백제는 백제와 백잔과 남부여, 신라는 신라와 사라와 사로 등으로 간명한데 가야는 그렇지 않으니까요. 하지만 다른 관점으로 볼 수도 있습니다. 그만큼 가야의 역사와 문화가 다양했음을 보여주는 근거가 될 수 있으니까요.

대표하는 이름이 따로 있었다

가야는 제각각 개별적인 나라 이름도 가지고 있었지만 가야 전체를 대표하는 집단을 일컫는 '가야=가라'와 '임나'라는 명칭이 있었습니다. '가야'가 가야국, 가야국왕 하는 식으로 쓰였다면 '임나'는 임나가라(가야) 하는 식으로 많이 쓰였습니다. 임나는 님의 나라=주국(主國)이라는 뜻인데 가야 여러 나라 가운데 대국으로 꼽혔던 김해 가락국, 고령 대가야, 함안 아라가야에게만 썼던 말입니다.

그런데 어째 '임나'라는 낱말이 그리 낯설지 않다 싶지요. 고대 일본이 4~5세기 한반도 남부인 가야를 지배하고 식민지 경영을 했다는 등 허무맹랑한 얘기가 많은 『일본서기』에 '임나일본부'가 등장을 하고 있기 때문이 아닐까요?

바로 이런 터무니없는 주장을 일러 임나일본부설이라 합니다. 그 바람에 '임나'를 일본식 표기로 알고 쓰기를 꺼리는 사람도 있을 정도지요. 하지만 이 황당한 고대 한반도 남부 일본 경영설은 이제 일본에서도 극우세력만 믿을 정도니 대범하게 넘겨도 나쁘지 않을 것 같습니다.

게다가 '임나'가 『일본서기』에만 나오는 표현은 아닙니다. 414년에 세워진 광개토왕릉비와 고려 시대에 편찬된 『삼국사기』, 그리고 932년에 만들어진 창원의 봉림사 진경대사탑비에서도 '임나'라는 단어를 볼 수 있거든요. 그러니 꼭 부정적으로 생각할 필요는 없지 않을까 싶습니다.

한때는 『일본서기』를 완전히 배척하기도 했지만, 고대 백제의 기록(『백제기』·『백제신찬』·『백제본기』 등 '백제삼서')을 참조해 쓰여진 부분이 많다는 점 등으로 요즘은 비판적 검토를 거쳐 사실에 가까운 부분은 채택하는 경우가 많아졌습니다.

가야의 활동 무대는 어디까지?

가야는 기원 전후부터 6세기 중반까지 600년 가까운 세월 동안 지리산과 낙동강과 섬진강을 경계로 세력과 영역을 유지해왔습니다. 지금으로 보자면 경남 권역을 중심으로 하고 상황에 따라 조금 늘거나 줄거나 했던 거지요.

가야 사람들의 활동 무대는 『삼국유사』에 비교적 자세하게 나옵니다. 일연 스님은 고려 시대 금관지주사(지금으로 치면 김해시장)가 쓴 '가락국기'를 요약·정리해 옮기면서 동서남북 사방 경계를 이렇게 적었습니다.

"동쪽은 황산강(양산 일대의 낙동강), 서남쪽은 푸른 바다, 서북쪽은 지리산, 동북쪽은 가야산을 경계로 하고, 남쪽을 나라의 끝으로 삼았다."

여기서 밝힌 경계는 가야가 멸망의 길로 접어들었던 6세기 중반의 판도를 중심으로 적은 것입니다. 하지만 가야의 600년 가까운 전체 역사를 오르내리면서 살펴보면 이를 벗어나는 부분이 적지 않습니다. 일연 스님은 가야의 북서쪽 경계를 지리산이라고 했지만 실제로는 지리산과 섬진강을 넘어 전라도에서도 가야 세력이 확인되고 있으니까요.

지리산 일대의 전북 진안·장수·임실·남원과 섬진강 유역인 전남 구례·곡성·광양·순천 등에서 짧은 기간이 아니라 5세기 전반~6세기 전반 적어도 100년 이상 조성된 가야 계통의 고분군이 줄지어 나오고 있습니다.

또 일연 스님은 가야의 동쪽 경계로 황산강을 꼽았지만 황산강 동쪽도 이른 시기에는 가야의 영역이었습니다. 부산의 동래·해운대와 기장, 그리고 양산과 울산에서도 가야의 고분이 확인되고 있거든요. 그러므로 5세기 이전에는 대체로 가야의 동쪽 경계는 황산강이 아니라 동해였다고 보면 맞을 것 같습니다.

동북쪽 경계라고 밝힌 가야산의 북쪽에도 가야가 있었습니다.

일연 스님 자신이 가야의 일원으로 꼽았던 고령가야(함녕)가 경북 상주시이고 성산가야(경산 또는 벽진)가 경북 성주군입니다. 둘 다 가야산 북쪽의 낙동강 유역에 있습니다. 가야는 500년 남짓 동안 성장·발전·쇠퇴·소멸을 하게 되는데 그런 과정을 거치면서 이처럼 영역이 변동하게 되었습니다.

가야의 시작은 언제부터?

국가라고 할 만한 정도의 지배 권력이 등장하고 사회 계층이 분화되는 것은 대개 기원 전후부터 이루어집니다. 한반도 남부에서 철기시대는 기원전 2세기~기원전 1세기에 시작되었는데 고인돌로 대표되는 청동기문화를 대체하는 것은 기원 1세기 무렵 완성이 되었습니다. 최초의 가야 성립은 남해안 일대에서 청동기문화가 철기문화로 교체되는 시기와 일치합니다. 가락국의 김해를 비롯해 동래·창원·마산·함안·고성·사천·진주 등이 그것이지요.

철기 문명을 바탕으로 가야가 성립이 되었지만 그렇다고 철기시대의 시작이 곧바로 가야의 성립인 것은 아닙니다. 가야에 앞선 시기의 철기시대를 역사에서는 삼한시대라고 하는데 삼한은 마한·진한·변한을 가리킵니다. 이 가운데 변한과 진한은 각각 가야와 신라의 뿌리이고 시작이라고 보면 대체로 맞아 들어갑니다.

『삼국지』에 나오는 가야와 신라는 둘 다 12개의 작은 나라로 나뉘어 있던 크지 않은 소국으로 수준이 비슷한 세력이었습니다. 진한에서는 후에 신라로 발전하는 경주 사로국이 대표선수였다면 변한에서는 김해 가락국과 함안 아라가야가 대표선수였습니다. 그러다가 5세기의 이른 중반에는 고령 대가야가 가락국을 대신하게 됩니다.

『삼국유사』의 '가락국기'를 통해 이 시기에 어떤 변화가 일어났는지를 짐작해 볼 수 있습니다. 수로왕 이전에는 나라는 물론 임금이나 신하를 부르는 호칭도 없는 사회였습니다. 다만 아도간·여도간처럼 ○○간이라고 불리는 우두머리들이 있었는데 자기 부족을 대표하는 이 아홉 명의 간이 연합해서 다스렸습니다.

김수로의 등장은 새로운 분기점이 됩니다. 김수로는 아홉 간의 추대를 받아 임금이 되면서 간을 없애고 신하의 관직 이름을 정해 줍니다. 임금과 신하의 구분이 생긴 거지요. 아홉 명의 간은 청동기 시대에 해당되고 한 명의 임금 김수로는 철기문화를 상징하는 것입니다. 좀더 강력한 정치권력의 출현과 계층의 분화를 보여주는 변화라 할 수 있습니다.

가야의 역사
(전기)

철의 왕국 가야의 탄생

가야를 크게 전기와 후기로 구분하는데 김수로가 가락국의 임금 자리에 오르는 서기 42년부터 줄곧 성장세를 보여주는 4세기까지를 전기 가야라고 합니다. 김해·창원·마산·함안·고성·사천 등 바닷길이 이어지는 남해 연안에서 먼저 나라를 이루었는데 당시 중심을 이룬 세력으로는 김해 가락국과 함안 아라가야를 꼽을 수 있지요. 이 둘을 포함한 전체 가야 세력은 서로 연결돼 있으면서도 높은 수준의 독립성과 자치권을 구현하고 있었습니다.

가야를 대표하는 산물로는 철을 으뜸으로 꼽습니다. 철을 녹이는 용광로 형상을 본뜬 국립김해박물관 건물이 잘 보여주고 있습니다.

덩이쇠(김해 대성동고분박물관)

이처럼 이 시기에도 성장 동력은 철소재와 철제품이라고 할 수 있습니다. 이를 바탕으로 해양을 통한 대외 교역이 활발해졌고, 철제 농기구 사용으로 농업생산력도 급격하게 높아질 수 있었으니까요.

대외 교역 물품에는 자체 생산한 철소재뿐만 아니라 여러 선진문물도 포함돼 있었습니다. 주로 일본열도에 수출된 선진문물은 '메이드 인 가야'도 있었지만 한반도 북부에 있던 낙랑군·대방군을 통해 중국과 대륙 북방에서 들여온 물품도 있었습니다. 낙랑군·대방군은 한나라가 고조선을 멸망시키고 설치한 중국의 행정 단위입니다.

이러한 변화와 발전은 김해 가락국이 주도하게 됩니다. 처음부터 다른 가야보다 두드러진 것은 아니었으나 1세기 후반에 앞서나가기 시작하더니 3세기 후반부터는 더욱 월등한 차이를 보여줍니다. 가락국은 이 시기에 독자적인 철 생산 시스템을 갖춘 것으로 짐작되는데 이런 바탕에서 다른 가야 집단을 자신의 세력권 아래로 끌어모으면서 경제력과 정치권력을 자신에게 집중시켜 나가게 됩니다.

가야의 화폐는 무엇이었을까?

3세기 후반에 편찬된 중국 역사서 『삼국지』 '위서 동이전'은 나중에 가야 여러 세력으로 성장·발전하는 변한을 두고 이렇게 적었습니다.

"나라에 철이 생산되는데 한·예·왜가 모두 와서 사간다. 여러 시장에서 사고파는 데에 모두 철을 사용한다. 마치 중국에서 돈을 사용하는 것과 같다. 또 낙랑군·대방군의 두 군에 공급한다."

일정한 크기와 무게로 규격을 갖춘 철소재=덩이쇠는 시장에서 유통을 담당하는 화폐가 되었고 그것을 알맞은 크기로 나누어 가공을 하면 농기구나 무기를 만들 수 있었습니다. 또 신분이 높은 사람이 죽었을 때는 주인공과 함께 무덤에 들어가는 부장품이 되기도 했으니, 당시 쇠는 여러 방면에서 귀한 대접을 받고 높은 가치가 인정되는 소중한 물품이었습니다.

그렇다면 『삼국지』에 등장하는 것처럼 철을 생산했던 가야 나라는 어디였을까요? 일단 나라 이름으로 보자면 가장 유력한 곳은 김해 가락국과 고성 고자국(소가야)입니다. 그렇게 보는 근거는 여러 곳에서 확인할 수 있습니다.

『일본서기』를 보면 김해 가락국을 여러 차례에 걸쳐 '쇠나라'라고 적고 있습니다. 그리고 신라가 가락국을 병합하고 나서 붙인 지명 금관은 '쇠를 관리한다'는 뜻이기도 합니다. 지금 지명 김해에도 쇠가 들어가 있습니다.

고성을 두고 소가야라고 하는데 사람들은 소가야를 작은 가야라고 오해를 하기도 합니다. 하지만 '소'는 작다는 뜻이 아니라 쇠라는 소리로 읽어야 맞습니다. 고성이라는 지금 지명에도 쇠의 속성인 굳다는 의미가 들어 있고, 고성의 오랜 별명인 철성 또한 쇠로 이루어진 성이라는 뜻이지요.

가야 철소재의 인기 비결은

3~5세기 가야에서 생산한 철은 많은 사람들이 서로 먼저 사가려고 할 만큼 인기가 높은 교역 물품이었다고 했습니다. 가야에서 만들어진 덩이쇠는 중국을 비롯해 한반도 북부와 바다 건너 일본열도 등 동아시아 전역으로 수출이 됐을 정도니까요.

그렇다면 가야의 철이 이처럼 환영받은 이유는 무엇일까요? 다른 곳에서 철이 나지 않아서? 물론 그건 아니고요. 가야보다 훨씬 일찍부터 철을 생산하고 있어서 철의 제국으로 일컬어지던 중국의

모서리가 튀어나온 기다란 네모꼴의 덩이쇠 ⓒ함안박물관

한나라도 있었고 이웃나라 백제와 신라도 철을 생산하고 있었습니다. 생산량도 중국보다는 적었고 신라·백제보다도 그다지 많지 않았습니다.

이유는 다른 지역에서 생산된 철보다 품질이 뛰어났기 때문입니다. 철의 성분이 원래부터 좋아서라고 생각할 수도 있겠지만 가야의 철이 환영을 받은 데는 나름의 비결이 있었습니다. 불로 달구고 망치로 담금질하는 과정에서 발휘되는 훌륭한 제철기술이 바탕에 있었던 겁니다.

덩이쇠는 시간이 지남에 따라 가장자리가 밋밋한 네모꼴에서 네 모서리가 튀어나온 네모꼴로 진화를 하게 됩니다. 그런데 이 바깥으로 튀어나온 네 모서리에 가야의 철이 환영받은 비밀이 숨어 있습니다. 튀어나온 모서리 부분은 가운데 부분보다 좀 더 단단하게 처리가 되어 있어 유용하게 사용을 할 수가 있었던 거지요.

이를테면 모서리가 하나씩 포함되도록 덩이쇠를 넷으로 나눈 다음 모서리를 칼날로 삼고 가운데 두툼한 부분을 칼등으로 삼는 겁니다. 그러고는 달구고 두드리기만 하면 날이 잘 선 칼을 4자루 만들 수 있었습니다. 노동력을 많이 들이지 않아도 특별한 기술이 없어도 낫이나 호미를 만들 수 있었으니 당연히 인기가 높을 수밖에요.

김수로와 석탈해 대결의 의미는?

『삼국유사』 '가락국기'를 보면 김수로와 석탈해의 대결이 나옵니다. 탈해는 대장장이 집안 출신으로 나오는데 이는 탈해 집단이 철기제작기술을 갖추고 있었다는 얘기입니다. 탈해는 술법 대결로 임금 자리를 빼앗으려 했지만 수로의 적수가 되지 못했는데 수로 집단의 철기제작기술이 탈해 집단보다 앞서 있었다는 말이 되겠지요.

탈해는 수로에게 깨끗하게 패배를 인정하면서 신라로 가겠다고 말합니다. 그러면서 중국에서 배가 와서 닿는 물길을 따라 나갔습니다. 그러나 수로는 탈해가 가지 않고 머무르면서 난리를 꾸밀까봐 군선 500척을 동원해 몰아내고 맙니다.

중국과 교역을 하고 항구를 지키기 위해 군사력을 보유했던 모습이 그려져 있습니다. 김해가 국제 교역의 요충이었던 만큼 탈해처럼 침탈을 시도하는 집단이 적지 않았을 것은 보지 않아도 알 수 있습니다. 가락국은 이런 외부 세력을 막아냄으로써 내부 결속이 강해졌고 이는 왕권의 강화로도 이어지게 됩니다.

언제까지나 걸을 순 없었던 꽃길

철을 다루는 사람을 대장장이라고 합니다. 조선 시대에는 대장장이라고 하면 그다지 대접을 받지 못하는 천한 신분이었습니다. 하지만 가야시대의 대장장이는 일류 전문 지식인, 전문 기능인으로 대접을 받았습니다. 당시는 제철기술이 최첨단 고급 기술이었으니까요. 게다가 지금의 특허 기술처럼 비밀 유지까지 엄중하게 요구되었습니다.

그래서 가야시대 제철 기술자들은 지역 사회에서 비교적 높은 지위를 차지하고 있었습니다. 또 공동체가 누리는 부의 원천이었으므로 두터운 보호를 받았습니다. 죽어서 묻힐 때 보통 사람들은 찰수 없는 고리자루큰칼을 허리에 두르고 있었을 정도라니 신분이 어느 정도였는지 짐작을 할 수 있습니다.

하지만 언제까지나 꽃길을 걸을 수는 없었습니다. 4세기에는 신라의 철이 가야의 철과 어깨를 겨룰 수 있을 만큼 한층 품질이 좋아집니다. 그러나 그때만 해도 왜인들이 철을 생산할 줄 몰랐으므로크게 문제는 없었습니다. 그러다 5세기 후반에 왜인들도 철을 생산할 수 있게 되면서 상황이 달랐습니다. 주요 성장 동력 가운데 하나를 잃게 된 것이지요.

농수산물도 풍성했던 철의 나라

가야 하면 사람들은 철을 가장 먼저 떠올립니다. 하지만 가야는 철뿐만 아니라 높은 농업 생산성을 바탕으로 한층 더 성장·발전할수 있었습니다. 이는 먼저 가야 세력이 자리 잡은 지형을 보면 바로알 수 있습니다.

함안 아라가야와 창녕 비화가야 등 경남의 여러 가야 세력들은 대체로 산지를 끼고 있으면서 크지 않은 하천이 흘러내리는 어귀에 있습니다. 토양이 기름지고 비교적 평탄한데다 농업용수까지 넉넉한 농사짓기 좋은 땅을 골라잡았습니다.

초기 철기시대에는 석재나 목재로 만들어 쓰던 농기구를 철재로 제작하는 것만으로도 생산력을 크게 높일 수 있었습니다. 쇠도끼나 쇠가래는 나무나 돌로 만든 이전의 농기구에 비해 훨씬 더 효율적이었으니까요.

재질의 혁신에 이은 도구의 혁신은 4세기 들어 논농사가 크게 늘면서 이루어졌습니다. 먼저 논에 물을 대는 도구인 살포는 이전에는 볼 수 없었던 새로운 농기구였습니다. 사람이 별로 손쓰지 않아도 절로 물이 들어가는 데만 논농사를 지은 이전과는 달리 인공적으로 물을 대야 하는 땅에서도 논농사를 지은 흔적이라 할 수 있습니다. 밭에서 김을 매는 호미는 예전부터 있었던 것으로 형태를 바꾸어서 기능을 향상시켰습니다.

가야고분군에서 4세기 후반부터 본격적으로 나타나는 살포와 호미는 가야의 농업 분야 기술 혁신을 잘 보여주고 있습니다. 한결 발전된 농기구 덕분에 가야의 농업 생산력은 한층 더 높은 수준으로 올라설 수 있었던 거지요.

이즈음에는 어업에도 큰 변화가 찾아옵니다. 이전에는 낚싯바늘 같은 간단한 기구가 대부분이었습니다. 그런데 물고기를 찔러서 잡는 두갈래창이 새로 등장했습니다. 예전부터 있었던 세갈래작살과 조개를 캐는 조새도 수량이 폭발적으로 늘어나게 됩니다.

가야에서 생산된 철은 대외무역을 통해 상당히 많은 부를 축적할 수 있는 기반이 되었습니다. 뿐만 아니라 가야 사회의 농·어업 생산력도 크게 끌어올렸습니다. 5세기에 접어들면서 가야 여러 세력이 가파르게 발전을 이어갈 수 있게 된 바탕에는 여러 방면으로 철의 역할이 컸기에 가능할 수 있었습니다.

중국과 일본의 중계기지 가야

고대 동아시아 국제 교역은 거의 대부분 바다를 통해 이루어졌습니다. 바다도 험했지만 육지는 더욱 험했기 때문입니다. 가락국이 담당한 구간은 낙랑군·대방군에서 일본열도의 규슈 지역까지였습니다. 『삼국지』는 '위서 왜인전'에서 그 뱃길을 이렇게 적었습니다.

"대방에서 왜에 이르기까지는 해안을 따라 돌면서 바닷길로 간다. 남쪽과 동쪽으로 마한을 거친다. 그(왜) 북쪽 해안에 이르면 가락국이다. 여기까지 대략 7000리다. (여기서) 처음 바다를 건넌다. 1000리쯤 가면 대마도에 이른다. 다시 남쪽으로 바다를 건너 1000리쯤 가면 이키섬에 이른다. 다시 바다를 건너 1000리쯤 가면 마츠라에 이른다."

대방에서 왜에 이르는 바닷길을 설명하고 있는데 일본열도로 넘어가는 제일 마지막에 가락국이 기록돼 있습니다. 대방이 중국과 가야를 이어주는 중계기지였다면, 가락국은 대방과 일본열도의 중계기지였다고 할 수 있습니다. 중국과 북방에서 발생한 선진문물은 이 두 곳을 거쳐 동아시아 여러 지역으로 퍼져나갔습니다.

김해 가락국의 항구는 독점적인 지위를 누렸습니다. 대방에서 와서 일본열도를 향해 큰바다를 건너는 배들도 반드시 들러야 하고, 일본열도에서 큰바다를 건너온 배들도 반드시 들러야 했습니다. 이처럼 동아시아 국제 교역에서 대방과 일본열도를 잇는 유일한 항구를 가진 덕분에 가락국이 크게 번성할 수 있었던 거지요.

대방에서 들여오는 중국과 북방의 선진문물은 다양했습니다. 농업 기술과 농기구, 말과 말 타는 기술 그리고 철제 말갖춤, 무기·갑옷을 비롯한 군사 장비와 이를 만드는 기술, 토기와 토기를 만드는 기술, 생활용품과 의례용품, 문자 생활에 필요한 여러 물건 등은 일본열도에서 쌀, 소금, 비단, 보석 등(때로는 노예도 포함)으로 바뀌어져 높은 부가가치를 안겨줬습니다.

김해 가락국을 비롯한 가야 사람들은 그와 같은 선진문물을 받아들이는 데 그치지 않고 현지 실정에 맞도록 개량·발전시켰습니다. 이렇게 개발된 문물을 다시 일본열도로 수출하고 또 그 역과정을 수행하면서 이익을 극대화하는 중계 무역의 혜택을 누렸던 것입니다.

고구려의 낙랑·대방군 함락

이런 혜택은 313~314년 고구려가 낙랑군과 대방군을 함락함으로써 일단 끝나게 됩니다. 낙랑·대방의 함락은 우리 민족을 억압하던 중국의 식민정권을 한반도에서 쫓아낸 것으로 우리 역사에서는 크게 환영할 사건입니다. 하지만 가야의 입장에서 보자면 작지 않은 위기이기도 했습니다.

낙랑·대방의 함락으로 중국~낙랑·대방~서해안~낙동강 하구~일본열도를 연결하는 바닷길이 제대로 가동되지 않으면서 예전처럼 선진문물을 들여오기가 어렵게 됐기 때문입니다. 그로 인해 대방을 통해 받아들인 선진문물을 일본열도로 넘기는 것만으로도 손쉽게 얻을 수 있었던 중계무역의 혜택이 줄어들 수밖에 없게 됩니다.

하지만 그런 타격이 오래 가지는 않았습니다. 김해 지역의 출토 유물을 살펴보면 중국계와 북방계의 청동·금동 제품이 4세기에 들어서도 꾸준히 나옵니다. 심지어 고대 서양의 지중해 연안에서 생산된 로만글라스 조각까지 발견됩니다. 무덤에 묻히는 외래계 문물은 오히려 더 많아지고 화려해지는 경향을 보여줍니다.

이러한 현상은 해양 세력으로서 탄탄한 기초 체력을 갖춘 가락국이 능동적으로 대응한 결과로 볼 수 있습니다. 낙랑·대방의 새 주인 고구려와 새로 거래를 하게 되면서 기존 뱃길을 활용하는 한편 더 나아가 중국·북방과 직교역까지 추진했을 것이라는 짐작이 가능합니다.

위기는 기회로, 기회는 위기로

세상만사 새옹지마라는 말이 있습니다. 이처럼 4세기 전반의 낙랑·대방 함락이 가야에게 위기였지만 결과적으로 보자면 나쁜 것만은 아니었습니다. 가야는 이를 기회로 삼아 새로운 분야로 눈을 돌릴 수 있었으니 위기가 또 다른 기회가 된 셈이지요.

풍부하게 생산되던 철소재(덩이쇠)를 중국의 선진문물과 단순 교역하는 체계에서 벗어나게 됩니다. 여태껏 수입해 왔던 생업 도구와 군사 관련 장비들을 자체 생산하는 쪽으로 나아갔습니다. 안으로는 농업과 어업의 발전 동력으로 삼았고, 밖으로는 철소재뿐만 아니라 철제 완성품까지 수출을 했습니다.

일본열도의 교역 대상 지역도 이전보다 늘어나게 됩니다. 그러나 이마저도 400년 이후에는 불가능하게 되었습니다. 고구려 광개토왕이 신라의 요청을 받아들여 김해 가락국을 공략했기 때문이지요. 가락국은 회복할 수 없을 정도로 큰 타격을 입고 이후로 급격하게 쇠락의 길을 걷게 됩니다.

가락국을 대신해 등장한 해상 거점이 바로 고성 소가야(고자국)였습니다. 소가야가 국제 교역의 새로운 중계기지로 떠오를 수 있었던 것은 동서 양쪽으로 당항만과 고성만을 끼고 있는 고성반도의 지형상 이점이 크게 작용을 했습니다.

하지만 고자국의 번영도 그리 오래가지는 않았습니다. 낙랑군·대방군을 대신해 선진문물의 공급처로 떠오른 백제가 5세기 중·후반부터 일본열도와 직거래에 나섰기 때문입니다. 제작기술은 예전 같은 매력을 잃은 시기였고, 백제가 좀 더 중국과 가까웠으므로 문물의 선진성은 가야가 따라잡을 수 없었습니다.

가야와 백제가 일본에 선진문물을 전했다는 사실을 두고 지금 사람들은 설왕설래를 하기도 합니다. 일본에 선진문물을 전해주었으니 우리는 자랑스러워하고 일본은 고마워해야 하는 거 아니냐 뭐 그런 식으로 말입니다.

하지만 원래 문물과 문화는 선진 지역에서 후진 지역으로 흘러가는 것이 당연한 이치입니다. 그 시대의 국제 관계에서는 중국~우리나라~일본이 그런 상황에 놓여 있었던 거지요. 게다가 국제 교역은 지금도 마찬가지지만 상호간의 이해관계에 따라 성립되는 것입니다.

가락국이 지다

고구려 광개토왕이 가락국을 침공한 서기 400년은 가야 역사를 전기와 후기로 나누는 분기점이 됩니다. 4~5세기 한반도의 정세 변동과 가야의 세력 재편에는 낙랑·대방의 소멸과 함께 광개토왕의 침공이 크게 영향을 끼쳤습니다.

광개토왕은 5만의 보병과 기병으로 신라 지역에 침입한 왜군을 물리치고 김해 지역까지 진출했습니다. 광개토왕의 아들 장수왕이 414년 중국 집안성에 세운 광개토왕릉비에 이와 관련된 내용이 적혀 있습니다.

당시 고구려 군대는 기병과 보병 모두 갑옷과 투구로 무장한 것은 물론이고 전투마들조차 말갑옷과 말얼굴가리개를 갖춘 지금으로 치자면 전차보다 훨씬 더한 돌파력을 보유한 어마무시한 부대였습니다. 이런 고구려를 상대로 버티기는 아무래도 역부족이었겠지요.

가락국 사람들에게 중무장한 기병과 보병은 생전 처음 맞닥뜨리는 공포의 대상이었습니다. 맹공을 당한 가락국은 쇠퇴하게 되었고 대신 낙동강 유역과 남해안을 따라 다른 가야 세력이 발전하기 시작합니다.

가락국의 쇠락은 대성동고분군을 통해서도 알 수가 있습니다. 가야의 고분이라 하면 우리는 높고 큰 봉분을 떠올리게 됩니다. 봉긋하게 솟아오른 봉분은 5세기 초반에 나타났는데, 처음에는 그다지 크지 않지만 5세기 중반 즈음부터는 밑지름이 40m가 넘는 초대형 고분까지 등장합니다.

그런데 가장 앞섰던 김해 가락국의 대성동고분군에는 이런 봉분이 보이지 않습니다. 6세기 전반까지 조성된 묘역이지만 그냥 나지막한 구릉만 펼쳐져 있을 뿐입니다. 이 때문에 이곳을 찾는 사람들은 고분이 어디 있나 하고 두리번거리기도 하지요.

이유는 간단합니다. 이때의 가락국 최고위 지배계층에게는 그렇게 크고 높은 무덤을 만들 역량이 더 이상 없었기 때문입니다. 앞선 시기 고구려군의 침공이 안겨준 상처가 그만큼 크고 깊었다는 얘기입니다. 대성동고분군의 무덤덤한 무덤들에서 지금 사람들은 한 시절 누렸을 영화의 무상함을 엿보게 됩니다.

가야의 역사
(후기)

새롭게 떠오르는 가야

고구려의 침략으로 가락국이 힘을 잃어가는 이 시기에도 모든 가야가 다 같은 처지에 놓였던 것은 아니었습니다. 다른 가야 세력에게는 오히려 고구려의 선진문물을 받아들이는 또 다른 기회가 되었습니다. 사상 최대로 강성해진 고구려의 국력이 오히려 도움이 되는 조건으로 작용을 했습니다.

신라는 고구려로부터 시시콜콜 내정 간섭을 당할 정도로 반식민지 상태에 빠졌고, 백제는 고구려에게 공격을 당해 항복하지 않을 수 없었을 만큼 궁지에 몰리게 됩니다. 말하자면 신라와 백제가 고구려의 침략에 대응하느라 정신이 없게 되면서 가야는 신라와 백제의 공격으로부터 자유로워질 수 있었습니다.

이때의 상황을 좀 더 자세히 살펴보면 이랬습니다. 고구려는 422년에 압록강 유역의 국내성에서 대동강 유역의 평양성으로 수도를 옮겼습니다. 본격적인 남하 정책의 추진을 알리는 신호탄이었지요. 이때 고구려가 겨냥한 것은 기름진 땅이 넓게 펼쳐진 한강 유역이었습니다.

한강 유역을 보유하고 있던 백제는 이미 전성기를 지나 내리막길에 접어든 상태였습니다. 신라는 광개토왕 덕분에 낙동강 동쪽의 가야 세력을 자기 영향력 아래에 둘 수 있었지만 그렇다고 낙동강 서쪽의 가야에까지 힘이 미치는 상태는 아니었습니다. 백제 또한 고구려가 을러대는 이상 가야의 움직임까지 신경 쓸 여력이 없었던 거고요.

고구려의 남하라는 엄청난 위협에 맞닥뜨린 백제는 신라에 대한 적대정책을 거두어들이고 손을 내밀지 않을 수 없었습니다. 신라 또한 고구려에 인질을 보내고 조공을 바치는 반식민 상태에서 벗어나기 위해 백제가 내미는 손을 맞잡았습니다(433년).

그러나 이후에도 한참 동안 신라와 백제는 고구려의 적수가 되지 못했습니다. 신라가 먼저 고구려에 맞서는 시도를 했으나 강력한 반격에 부딪히자 곧바로 접게 됩니다. 백제는 고구려의 침공으로 수도 한성이 함락되고 임금 개로왕이 붙잡혀 참살당하는 지경까지 내몰립니다(475년). 결국 백제는 한강 유역을 고구려에게 내어주고 수도를 웅진(지금 충남 공주)으로 옮길 수밖에 없었습니다.

서기 400년 이후 비교적 오랜 기간 한반도 남부에 조성된 이런 국제 정세는 여러 가야 세력에게는 성장·발전하는 데에 유리한 조건이 되었습니다. 이런 상황에 힘입어 5세기 초·중반부터 가락국을 제외한 모든 가야의 움직임이 활발해지기 시작하고 5세기 후반에는 전성기를 맞이하게 됩니다. 특히 고령 대가야와 함안 아라가야가 여기에 해당됩니다.

아라가야 사람들은 이 시기의 무덤에 철로 만들어진 갑옷과 투구, 말갑옷과 말머리가리개, 화살촉과 창·칼 등 다양한 무장 도구와 병장기를 대량으로 묻었습니다. 이는 아라가야가 예전보다 더욱 강력한 세력으로 성장했음을 보여주는 증표들이라 할 수 있습니다.

고성 소가야(고자국), 창녕 비화가야, 합천 다라국에서도 5세기 초·중반에 봉분이 높고 큰 고분이 만들어지기 시작해서 6세기 중반까지 이어지는데 이또한 이런 배경과 맞물려 있었던 것이지요. 전기 가야가 남해안을 중심으로 역사가 펼쳐졌다면 후기에는 남해안뿐 아니라 경상도 내륙에서 전라도 동부의 내륙까지 가야 문화가 꽃을 피웠습니다.

역사에 만약이라는 것은 없다지만 이런 가정을 해 본다면 어떨까요? 만약 고구려가 남하 정책을 추진하지 않았다면, 그래서 신라와 백제가 고구려에 신경을 쓰지 않아도 되는 조건이었다면 가야의 역사는 어떻게 됐을까요? 더 오랫동안 영화를 누렸을까요, 아니면 오히려 더 짧은 단명으로 끝났을까요? 그런 상상을 해 보는 것도 역사를 들여다보는 또 다른 재미가 아닐까 싶습니다.

대가야는 어떻게 가락국을 대신했을까?

가야 전기는 김해의 가락국이 중심이었다면 가야 후기의 성장·발전을 이끈 세력은 경북 고령의 대가야였습니다. 481년 신라가 고구려에 침략당했을 때 백제와 함께 구원군을 파견하고 승전할 정도로 강력한 세력으로 성장을 하게 되면서 빠른 속도로 강력한 왕권을 성립시켰습니다.

이를 기반으로 합천·거창·함양·산청·진주·의령 등 낙동강 서쪽의 경남지역, 진안·장수·임실·남원 등 지리산권의 전북 동부, 하동·광양·순천 등 경남·전남에 걸친 섬진강 유역 등으로 영향력과 지배력을 넓혀 나갔습니다.

대가야의 성장 동력은 농업 생산력의 발전을 꼽을 수 있습니다. 대가야에서 농업혁명이 시작된 것은 서기 300년대 후반으로 짐작됩니다. 고구려에서는 이미 100년 전부터 사용하고 있었던 쇠호미가 가야 권역에서는 이 시기에 등장을 하게 됩니다.

쇠호미 이전에 사용했던 따비는 쟁기와 비슷한 모양으로 크기가 작고 앞쪽 삽날이 좁아 힘이 많이 드는 단점이 있었습니다. 쇠호미가 등장하면서 따비는 사라지게 되는데 지금도 밭을 매고 이랑을 고르는 데 쇠호미가 쓰이는 걸 보면 당시로 보자면 혁신적인 농기구라 할 수 있겠습니다.

쇠호미가 새로운 밭농사법을 보여준다면 물꼬를 트거나 막아서 논에 들어가는 물을 조절했던 살포는 새로운 논농사의 등장을 보여주는 농기구입니다. 이 같은 살포의 출현은 손쉽게 물을 확보할 수 있는 자리에 논을 만들었던 이전과는 달리 물길이 제법 떨어져 있는 곳에서도 논농사가 가능해졌음을 보여줍니다.

쇠호미와 살포가 사용되면서 이전보다 경작 면적도 넓어졌고 작업 효율도 높아지게 되었습니다. 새로운 농기구의 도입은 농업 기술의 발전을 가져왔고 이는 한층 높은 농업 생산성으로 귀결되었던 거지요. 이는 5~6세기에 대가야가 크게 세력을 떨치게 되는 기본 바탕으로 작용했습니다.

미니어처 농기구는 어디에 쓰였을까?

대가야 고분에서는 따비·쇠호미에 쇠도끼·쇠낫을 더한 네 가지 농기구가 실제 농사에 썼던 크기가 아닌 축소모형으로 발굴되곤 합니다. 이 미니어처 농기구들은 아마도 하늘에 제사를 지내는 등 농경의례에 쓰였던 것으로 짐작이 되는데, 무덤의 주인공이 바로 그와 같은 행사를 주관하는 지도자였다고 보면 맞을 것 같습니다.

그런데 미니어처로 만들어 묻은 농기구 중에는 살포가 포함되어 있지 않은데 이 또한 눈여겨 살펴볼 만한 일입니다. 당시 가장 중요한 산업이었던 농업을 좌우하는 권한을 상징하는 농기구가 바로 살포였습니다. 따비·쇠호미·쇠도끼·쇠낫은 농사를 짓는 사람이면 누구나 가질 수 있었지만 살포는 논농사에서 물을 관리하고 통제하는 사람만 가질 수 있었지요. 미니어처 살포가 아니라 실제 크기 그대로 만든 살포를 묻은 것은 살포가 갖는 상징성과 밀접하게 관련되어 있다고 할 수 있겠습니다.

살포와 미니어처 농기구는 대가야의 중심인 고령뿐만 아니라 그 주변인 함양·합천(경남), 남원·임실(전북), 순천(전남) 등의 고분에서도 출토되고 있습니다. 이들 지역은 영남 내륙 고령에서 백제나 서해 또는 남해로 나가려면 반드시 거쳐야 하는 요충지입니다.

이처럼 대가야의 중심과 마찬가지로 주변 요충지역에서도 미니어처 농기구와 살포를 묻은 것은 이 지역에서도 동일한 의례와 행사를 치렀다는 의미입니다. 뿐만 아니라 대가야가 중심에 서서 새로운 농기구를 주변에 나눠줌으로써 해당 지역에 대한 통제권을 인

정했다는 뜻이기도 합니다.

대가야의 번성과 쇠락

신라가 낙동강 동쪽 연안까지 세력을 확대하면서 가야에게 낙동강은 더 이상 안전한 물길이 아니었습니다. 대가야는 낙동강 대신 바다로 나가는 루트를 확보하기 위해 서쪽으로 진출하려고 힘을 쏟았습니다. 금강·섬진강·남강 상류인 지리산 일대를 먼저 장악하고 뒤이어 섬진강 하류인 하동과 전남 남해안 일대의 순천·여수·광양 일대를 손에 넣게 됩니다.

대가야는 5세기 전반에 이미 합천·거창·함양을 넘어 전북 남원·장수·진안 지역과 긴밀한 관계를 맺고 있었습니다. 5세기 후반에는 이 지역에 대한 영향력을 강화하면서 범위를 임실 등지까지 확대하게 됩니다. 이는 해당 지역 고분군을 발굴하면서 확인이 되었습니다.

이 시기에 접어들면 가야 사회 전반에 몇 가지 특징적인 현상이 나타나게 됩니다. 첫째 고분이 급격하게 커지기 시작합니다. 둘째 무덤에 들어가는 유물의 종류와 분량도 대거 많아집니다. 셋째 무덤에 산 사람을 죽여서 함께 묻는 순장이 유행합니다. 넷째 함안·고성·창녕 등 지역별로 뚜렷하게 구분되는 토기 양식이 만들어집니다. 이는 번영을 누리면서 저마다 개성이 강한 문화를 성립시켰다는 뜻이기도 합니다.

하지만 대가야의 번성은 오래가지 못했습니다. 영토와 주권이 국제적으로 보장되는 국경의 개념이 뚜렷한 지금도 힘의 논리에 따라 국가의 존립이 위협을 받게 되지만 그런 구분과 개념이 없었던 당시의 번영과 쇠락은 주변 정세에 영향을 크게 받을 수밖에 없었습니다.

6세기에 접어들면서 가야는 동쪽의 신라와 서쪽의 백제 양쪽으로부터 위협을 받게 됩니다. 475년 한성이 고구려에 함락되자 수도를 웅진으로 옮기는 등 위기를 겪었던 백제는 이후 체제를 정비하고 역량을 키워서 5세기 후반~6세기 초반에 지리산과 섬진강 유역의 대가야 세력권으로 본격 진출하기 시작했습니다.

6세기 초반인 513~515년에 지리산 일대의 남강 상류(남원)와 섬진강·금강 상류(장수·진안·임실)가 백제에 넘어가게 됩니다. 아울러 섬진강 하류도 그를 전후한 시기에 같은 운명이 되어서 512년에는 광양·여수·순천 등 전남 동부가, 529년에는 경남 서부의 하동 일대가 백제에 넘어갔습니다.

대가야는 백제의 동진을 막기 위해 522년에 신라와 결혼동맹을 맺는 등 활로를 찾아나섰지만 효과를 거두지는 못했습니다. 백제의 동진이 가파르게 빨라지자 신라 또한 낙동강 너머로 서진을 서두르기 위해 529년에 대가야와의 결혼동맹을 깨뜨렸습니다. 이를 계기로 대가야는 쇠락의 길로 접어들게 됩니다.

가라왕 하지의 사신은 어떻게 중국에 갔을까?

중국 고대 역사서인 『남제서』를 보면 서기 479년에 가라왕 하지가 중국 남제에 사신을 보내 보국장군 본국왕이라는 칭호를 받는 외교 활동을 벌였다는 내용이 나옵니다. 영남 내륙인 경북 고령에서 어떻게 해서 중국 남부 지역까지 갔을까 궁금해집니다. 당시는 항해 기술과 장비가 보잘것없어서 서해 바다를 가로지르지 못하고 연안을 빙빙 돌아가야 했으니까요.

중국 남제에 사신을 파견했던 5세기 후반은 대가야의 전성기라고 할 수 있는데 당시 상황을 살펴보면 이렇습니다. 대가야는 서쪽으로 합천~거창~함양을 지나 전북 장수·진안과 남원까지를 세력권으로 확보하고 있었습니다. 그런데 백제에 가로막혀 서쪽으로 더 나아가기가 어려워지자 방향을 남쪽으로 틀어 섬진강을 따라 전남 구례·곡성을 거쳐 경남 하동에 이른 다음 전남 해안의 광양·여수·순천을 장악하게 됩니다.

이런 상황에서 중국 남제로 가는 길은 합천→거창→함양→남원(운봉)→곡성→구례→하동에 이르는 섬진강 경로였을 가능성이 가장 큽니다. 이후 남·서해안을 따라가다 황해도나 요동반도에서 바다를 건넌 다음 산동을 거쳐 양자강 하구에 도달했으리라는 짐작이 가능합니다.

또 다른 개연성도 있는데 이는 백제의 협력이 전제가 되어야 가능한 경로입니다. 남원·장수·진안에서 동진강을 따라 내려가면 서해에 이르게 됩니다. 당시는 고구려에 맞서는 협력 관계가 백제~신라~가야 사이에 형성되어 있었는데 이런 국제 관계에서라면 백제의 도움이 가능했으리라 짐작을 해볼 수 있습니다.

실제로 동진강 하구의 서해안에 있는 전북 부안군 계화면 용화마을 일대에는 가야포 등 가야로 추정되는 옛 지명이 있고 이와 관련된 흔적들도 남아 있어 대가야계 토기도 출토되었습니다. 가까운 변산면의 변산반도가 서해로 뻗어 나가는 끝자락 낭떠러지에는 오랜 세월 조성된 죽막동 제사유적과 바다신을 모시는 수성당이 있지요. 무사 항해를 기원하던 그 아래에서는 5세기 후반~6세기 전반의 대가야계 제사유물이 출토되기도 했습니다.

남강 경로를 이용했을 수도 있습니다. 고령→합천→거창을 거쳐 함양에서 남쪽으로 방향을 틀어 산청에서 진주까지 남강을 통해 이동한 다음 고성으로 해서 남해로 나가는 길입니다. 고성의 송학동고분군에서 대가야계 토기가 나오기도 했는데 5세기 후반부터 대가야와 협조적인 관계였음을 미루어 보자면 그런 짐작이 가능합니다.

마지막으로 낙동강 경로입니다. 남해와 가까운 부산의 동래 복천동고분군과 낙동강 하류의 창원 다호리고분군에서 대가야계 토기와 귀걸이가 나옵니다. 5세기 중반 이후부터 신라와의 결혼동맹이 깨지는 529년까지 활용이 가능했을 것 같습니다.

여러 가지 경로를 짐작해 보면 교류가 자주 있지 않았을까 싶은데 문자로 기록된 대가야와 중국의 교섭은 479년 한 번으로 그쳤습니다. 만약 실제로도 한 번뿐이었다면 학계에서는 백제의 전북 동부지역과 섬진강 유역에 대한 진출이 원인이라고 보고 있습니다. 백제는 5세기 후반 남원·진안·장수에 진출한 데 이어 6세기 초반 하동과 전남 남해안 일대까지 장악합니다. 이로써 대가야는 중국으로 가는 교통로를 잃게 되었고 이 때문에 더 이상은 교류가 불가능했을 것이라고 보는 거지요.

언제나 넘버투였던 아라가야는 강했다

함안 아라가야는 전기에도 후기에도 언제나 넘버투였습니다. 낙동강과 남강의 물길을 그대로 갖고 있으면서 마산만과 진동만을 해양 교역을 위한 교두보로 추가 확보한 덕분입니다. 이렇게 말하면 '넘버원도 아닌데…', 그리 생각하는 사람들이 있을지도 모르겠습니다. 하지만 한결같이 넘버투 자리를 지킬 수 있었다는 것은 대단한 일입니다.

그러던 아라가야 역시 주변 정세의 흐름에서 자유로울 수 없었습니다. 백제와 신라의 가야에 대한 진출이 활발해지자 상황에 따라 친백제 노선과 친신라 노선을 번갈아 채택하면서 유지·존속을 위해 몸부림치게 됩니다. 아라가야의 눈물겨운 노력 중의 하나가 바로 529년에 개최한 국제회의라고 할 수 있습니다.

아라가야는 국제회의를 열기 위해서 높은 집을 새로 지었습니다. 한자로 높을 고, 집 당 '고당'은 『일본서기』에 기록이 나옵니다. 국제회의를 위해 큰 건물까지 세운다는 것은 절박한 상황을 타개해 보려는 적극적인 의지를 보여주는 것이겠지요.

아라고당회의가 열렸을 것으로 짐작되는 함안천 강변 가파른 언덕의 당산유적

아라고당회의를 개최하다

국제회의에 참석한 나라는 백제·신라·왜 세 나라였습니다. 왜는 원래부터 아라가야에 와 있던 사신을 참석시켰고 백제는 지위가 높은 장군과 대신을 보냈으나 신라는 그보다 등급이 아래인 관리를 보냈습니다.

회의가 열리자 아라가야의 임금과 대신이 왜의 사신과 함께 고당에 올라갔지만 백제의 장군 등은 올라가지 못하고 내내 마당에 머물렀습니다. 신라에 비해 지위가 높은 장군과 대신을 보냈는데도 백제는 찬밥신세였습니다. 아라가야의 친신라적인 태도를 짐작할 수 있는 장면입니다.

그래도 필요해서 불러들였는데 남의 나라 사신에 대한 예의가 아니라고 생각할 수 있겠지요. 하지만 이런 배경에는 나름 이유가 있었습니다. 가야를 두고는 신라와 다투어야 했고 한강 유역을 두고는 고구려와 싸워야 하는 것이 백제의 처지였습니다. 한 마디로 여력이 없었다고 보면 맞을 것 같습니다. 반면 신라는 성장한 국력을 바탕으로 가야에만 집중하면 그만이었습니다.

이런 상황을 두고 보면 신라의 고당회의에 대한 소극적인 태도와 아라가야의 백제에 대한 푸대접이 한편으로 이해가 됩니다. 지금의 국제 사회에서도 그런 서열은 이해관계에 따라 뒤바뀌기도 하니까요.

회의 안건은 사실상 신라의 지배 아래 들어가 있는 남가라(가락국)와 탁기탄(김해 진영읍 또는 창녕 영산면)을 가야의 일원으로 되돌리자는 것이었습니다. 아라가야는 신라의 양보를 받아내고 새로운 활로를 열기 위해 백제와 왜까지 동원했지만 결국 실패로 돌아갔습니다.

그렇지만 아라가야의 위상은 제대로 보여주었습니다. 넘버원 대가야가 지리산 일대와 섬진강 유역을 백제에 빼앗기면서 한풀 꺾이자 넘버투 아라가야가 그를 대신해 가야 전체의 이익을 대변한 회의였으니까요. 아울러 신라를 견제하기 위해 세 나라를 자력으로 끌어모았다는 사실도 평가할 만합니다.

아라고당회의와 성격이 비슷한 국제회의는 그 뒤에 두 차례 더

열렸습니다. 541년과 543년에 백제 성왕이 소집한 회의였습니다. 백제의 수도 사비(충남 부여)에서 열려 사비회의라고 합니다. 대가야와 아라가야를 비롯한 7~8개 가야 나라들이 모였는데 시종일관 백제한테 휘둘리는 모습을 보입니다.

가야 나라들은 신라에 정복당한 가락국과 탁기탄 등을 백제가 가야로 되찾아주기를 바란다는 의견을 올립니다. 그때나 지금이나 자국의 이익을 맨 앞에 두고 움직이는 냉혹한 현실에서 아무런 대가 없는 도움은 불가능한 것이겠지요.

백제는 말로는 그러겠다면서 대신 낙동강변에 성을 쌓고 군사를 주둔시키겠다는 답변을 합니다. 백제 군대가 들어와 있으면 가야는 이미 가야가 아닌 것이지요. 그런데 제대로 대꾸조차 못하고 가야 나라들은 뿔뿔이 흩어졌습니다. 넘버원 대가야도 넘버투 아라가야도 기력이 다한 모습입니다.

가야의 종말

가야의 마지막을 알리는 결정적인 사건은 백제와 신라가 한강 유역을 두고 맞붙었던 관산성전투였습니다. 얼핏 보면 가야와는 무관한 것 같지만 속내를 들여다보면 다 그만한 까닭이 있었습니다.

백제는 신라와 나제동맹을 맺고 551년 합동 군사작전으로 고구려에게 빼앗겼던 한강 유역을 되찾게 됩니다. 이때 신라는 한강의 상류 지역을 백제는 하류 지역을 제각각 나눠 갖기로 합니다. 그런데 553년 신라는 이 약속을 깨고 백제 몫이었던 하류 지역을 하루 아침에 빼앗아버립니다.

이듬해 한강 하류를 수복하기 위해 백제가 벌인 대규모 기습작전이 관산성전투입니다. 하지만 결과는 백제의 참패였지요. 『삼국사기』에는 이 전투로 백제의 임금과 정승 4명이 전사하고 병사도 2만9600명이나 목숨을 잃었다는 기록이 나옵니다. 가야 세력은 아라고당회의 실패 이후 친백제 노선으로 갈아탔습니다. 가야는 이 전투에서 백제 편으로 동원이 되면서 나락으로 떨어지는 운명을 맞게 됩니다.

백제의 발톱을 확실하게 뽑아버린 신라는 한강으로 향했던 진군의 깃발을 낙동강으로 돌려서 곧바로 555년에 창녕 비화가야에 하주(완산주)를 설치했습니다. 20~30년 전부터 사실상 지배하던 창녕을 직접 통치하기 시작한 것입니다. 당시 창녕은 낙동강을 사이에 두고 아라가야·대가야와 대치하는 신라의 최전방이었습니다.

561년에는 신라 진흥왕이 몸소 창녕을 둘러봅니다. 경주에서 고위 관료들을 데려오고 전국 곳곳에서 사방군주를 불러 모았습니다. 한강 유역을 비롯해 새로 개척한 국경을 지키는 군사령관이 바로 사방군주인데요, 이들을 한자리에 끌어 모은 것만으로도 더없이 위협적인 무력시위였습니다.

그러고는 창녕진흥왕척경비를 세웠습니다. 진흥왕은 본인의 행차를 수행한 사방군주와 신하들 마흔 명 남짓의 이름을 여기에 새겼습니다. 당대의 명장 거칠부와 관산성전투에서 맹활약한 김무력(김유

창녕 진흥왕척경비

신 장군의 할아버지)도 이름을 올렸습니다.

가야를 향한 이 무력시위는 이듬해 고령 대가야의 멸망으로 이어졌습니다. 신라 최고의 정복왕 진흥왕은 장군 이사부와 화랑 사다함을 시켜 후기 가야의 맹주를 치게 했습니다. 대가야가 그들의 기습 공격에 맥없이 무너지면서 가야의 500년 남짓한 역사는 막을 내리고 말았습니다.

그러면 함안 아라가야와 고성 고자국은 어떻게 되었을까요? 아라가야는 신라에 넘어갔습니다. 언제 그리되었는지는 기록이 없어서 잘라 말하기 어렵지만, 대략 창녕진흥왕척경비가 설치되는 561년 즈음부터 대가야가 멸망하는 562년 사이로 짐작됩니다.

고자국도 비슷한 시기에 멸망했습니다. 원래는 신라에 넘어갔다고 하면서 믿어 의심치 않았지만 요즘은 다수설 신라와 소수설 백제로 나뉩니다. 고자국의 턱밑이라 할 수 있는 순천·여수·광양과 하동 일대가 백제에게 장악된 상태였다는 점과 고성과 가까운 남해군에서 7세기 초반에 해당되는 백제 귀족의 고분이 확인된 것이 그런 주장의 근거가 되고 있습니다.

궁금한
이야기

가야 기록이 부실한 이유는 무엇일까?

가야의 역사는 '따로 또 같이'의 역사였다고 해도 과언이 아닙니다. 이해관계와 세력의 강약에 따라 흩어지고 모이고를 거듭하면서 성장·발전·쇠퇴·소멸의 길을 걷게 됩니다. 가야 사람들이 일군 역사와 문화는 고구려·백제·신라와 뚜렷하게 구분되는 독자적인 것이었습니다.

그렇다면 가야는 어떻게 자체적인 세력을 형성하며 제각각 색다른 문화를 꽃피울 수 있었을까요? 그 성장·발전의 배경에는 자율성과 통합이라는 키워드가 있었습니다. 독자적인 자율성을 바탕으로 밖으로 뻗어나가는 원심력과 안으로 결집시키는 구심력이 서로 맞물려 돌아갔던 거지요. 이는 발전의 원동력이기도 했지만 좀 더 넓은 범위로 통합력을 세워나가는 과정에서 멸망에 이르고 마는 원인이 되기도 했습니다.

가야를 두고 지금 사람들은 고구려·백제·신라보다는 한 단계 처지는 주변부 작은 나라로 여기는 경향이 많습니다. 고구려·백제·신라와 어깨를 맞대고 대등하게 겨루었음에도 가야는 쏙 빼놓고 삼국시대라고만 하지 사국시대라고는 하지 않습니다.

역사는 승자의 기록이라고들 합니다. 무엇보다 신라 중심으로 삼국의 역사만 기록한 『삼국사기』의 영향이 크다고 할 수밖에 없습니다. 『삼국사기』는 통일신라가 망하고 들어선 고려 왕조에서 만든 공식 역사서입니다.

고려는 고구려를 계승한다고 표방하고 국명도 그에 걸맞게 지었지만 공식 역사서는 고구려를 백제와 함께 조그맣게 다루었습니다. 공교롭게도 그 편찬을 총괄한 사람은 신라 왕실의 후예인 김부식이 었습니다. 그는 가야의 역사도 처음부터 없었다는 듯이 투명인간 취급을 했습니다. 지금 사람들이 가야를 크게 여기지 않는 까닭에는 그런 이유도 숨어있다고 할 수 있겠습니다.

포상팔국은 어디에?

가야를 들여다보면서 반드시 짚어봐야 하는 것이 포상팔국 전쟁입니다. 포상팔국이란 포구(浦)에 자리 잡은(上) 여덟(八) 나라(國)라는 뜻입니다. 포구는 남해나 서해 또는 낙동강이나 섬진강·영산강·동진강 연안을 꼽을 수 있습니다.

『삼국사기』와 『삼국유사』를 보면 이 포상팔국이 아라가야 또는 가락국 등을 상대로 전쟁을 일으켰다는 이야기가 나옵니다. 옛날에는 포상팔국의 난이라 했는데 요즘 들어서는 포상팔국 전쟁이라고 고쳐 부릅니다.

『삼국사기』에 나오는 대목을 쉽게 옮기면 대체로 이렇습니다.

"포상팔국이 209년의 1차 전쟁에서 가라국 또는 아라국을 침입했다가 신라에 격퇴당했다. 212년의 2차 전쟁에서 울산에 있던 신라 세력을 공격했다가 대패했다."

포상팔국의 이름이 모두 밝혀져 있지는 않습니다. 『삼국사기』는 골포·칠포·고사포를 적었고 『삼국유사』는 보라국·고자국·사물국·골포국을 적었습니다. 양쪽 기록에 모두 나오는 골포는 지금 통합 창원시의 마산 지역이며 『삼국사기』의 고사포와 『삼국유사』의 고자국은 둘 다 고성을 가리킵니다. 그리고 칠포는 낙동강 연안의 함안 칠원읍, 사물국은 고성 근처 사천이고 보라국은 정확하지는 않지만 전라도 영산강 유역의 토착 세력으로 짐작됩니다.

이들 포상팔국은 세력이 약한 소국이었습니다. 그러나 그들이 힘을 모으자 넘버원 가락국도, 넘버투 아라가야도 혼자서는 대적할 수 없을 정도였습니다. 하지만 신라의 개입으로 포상팔국은 두 차례 전투에서 모두 패하게 됩니다.

포상팔국 전쟁은 판도 변화를 가져왔습니다. 세력이 약해진 포상팔국의 고자국은 내일을 기약해야 하는 신세가 되었고 가락국은 그대로 넘버원 지위를 유지했습니다. 가장 주목할 만한 것은 아라가야가 타의 추종을 불허하는 넘버투 자리를 굳힌 것입니다. 칠포와 골포를 세력권에 넣으면서 낙동강과 마산만·진동만을 장악하게 된 것이지요.

아라가야는 이를 통해 남해안 일대 여러 가야 세력에 더해 일본 열도와도 교역·교류를 확대할 수 있었습니다. 이와 같은 교류와 교역의 확대는 아라가야의 지속적인 성장을 담보하는 핵심 동력으로 작용을 합니다.

포상팔국은 왜 전쟁을 일으켰을까?

그렇다면 같은 가야권이었던 포상팔국이 왜 전쟁을 일으켰을까요? 당시 성장·발전과 쇠퇴·소멸은 중국발 선진문물을 얼마나 많이 일찍 받아들이느냐와 직결되어 있었습니다. 그러다 보니 중국~낙랑·대방~서해안을 거쳐 왜로 이어지는 국제 교역에서 남해안의 주요 중계기지가 어디냐 하는 것은 중요한 사안이었습니다.

김해 가락국의 성장 배경도 이와 관련이 있습니다. 1세기 무렵부터 남해안으로 들어오는 중국발 선진문물의 기항지가 될 수 있었던 가락국은 남해안 으뜸 중계기지로 자리 잡으면서 그 이득을 독점적으로 누렸습니다. 포상팔국 전쟁은 그러니까 가락국의 독점적 지위에 대한 도전이었고 이는 결국 자국의 이익이나 생존권이 달린 문제였습니다

『삼국사기』와 『삼국유사』의 기록을 종합해 보면 고자국=고사포는 포상팔국 전쟁의 1차 전투와 2차 전투에 모두 이름이 올라가 있습니다. 3~4세기 내내 다른 가야 세력보다 처지는 양상을 보이면서 뚜렷한 발전을 보이지 못했던 집단이었습니다.

그런데 5세기 들어 반전이 일어납니다. 넘버원 가락국이 고구려 광개토왕에게 초토화되면서 항구가 중계기지 역할을 못하게 되자 그 자리를 고자국이 대신 차지하게 됩니다. 고자국으로서는 뜻하지 않게 성장·발전의 계기를 맞게 된 것입니다.

과거가 지금에게 건네는 이야기, 순장

무덤은 과거 사람들의 삶과 그들이 남긴 문화·역사를 더듬어보는 훌륭한 자료가 됩니다. 지금이야 모든 것이 기록으로 남게 되지만 그런 장치가 지금과는 달랐던 과거에는 그들이 살다가면서 남긴 이런저런 흔적과 물건들이 역사를 살펴보는 중요한 근거와 단서가 되기 때문입니다.

예나 지금이나 사람살이는 크게 다르지 않습니다. 먹고 살 만해야 다른 데로 눈을 돌릴 수 있습니다. 사는 동안의 삶의 질도 그렇지만 죽음을 마무리하는 과정조차도 부와 권력에 따라 다를 수밖에 없었습니다. 무덤이 작으면 안에 들어가는 유물이 없거나 적고, 무덤이 크면 그 유물도 크고 많았습니다. 지금 사람들은 이런 것들을 통해 가야 세력이 어떻게 성하고 쇠하였는지를 짐작하게 됩니다.

그 중에 눈여겨 볼 만한 것으로 순장이 있습니다. 장례를 치르면서 산 사람을 함께 묻는 풍습을 말합니다. 중국과 일본에서도 볼 수 있는데 한반도에서는 가야와 신라에서 확인됩니다. 부여는 순장했다는 기록은 있지만 실물은 아직 확인되지 않았고, 신라는 임금이 죽으면 남자와 여자를 5명씩 순장했다는 기록과 함께 실제 순장 사례까지 확인이 되었습니다. 반면 가야는 순장에 관한 기록은 남아 있지 않지만 발굴로 확인된 사례는 가장 많습니다.

순장을 했던 무덤의 주인공은 당연히 지위가 높고 강한 권력을 가진 사람이었습니다. 생전에 그를 모시던 아랫사람들을 죽여서 함께 묻었습니다. 몇 사람을 순장하느냐 혹은 순장당한 사람의 지위

순장자 인골로 복원한 여성 인물(대성동고분박물관)

가 어느 정도인가에 따라서 무덤 주인공이 생전에 누렸던 위상과 권력의 정도를 가늠할 수 있습니다. 그러므로 이는 생사여탈권을 가진 절대 권력의 등장과 실존을 보여주는 핵심 증표라 할 수 있습니다.

어쨌거나 순장은 지금의 가치관이나 세계관으로 보자면 이보다 끔찍할 수 없는 제도라 할 수 있습니다. 그런데 당시는 어째서 이리도 끔찍하게 산 사람을 묻을 수 있었을까요. 이는 그들만의 독특한 내세관 때문이라고 할 수 있습니다. 사후 저승에 가도 이승에서와 같은 삶이 마찬가지로 이어진다고 믿었습니다. 그렇지 않다면 사람을 이토록 함부로 소모하지는 못 했을 것입니다. 그때도 사람이 아무리 노비라 해도 소중한 생명이라는 생각까지는 하지 않았겠지만 말 잘 듣고 값비싼 노동력으로는 여겼을 테니까요.

이런 내세관은 한편으로 순장 당하는 이들의 공포를 줄여주었을 수 있습니다. 지금 이렇게 죽는다 해도 저승에서 다시 이승에서와 마찬가지로 삶이 이어진다고 생각했을 테니까요. 그래서 고단한 현실보다 내세가 좀더 안락할 수 있다는 희망도 가질 수 있지 않았을까 싶은 거지요.

가야의 무덤에 함께 부장되어 있는 토기를 통해서도 이런 내세관을 엿볼 수 있습니다. 지금은 텅텅 비어 있거나 깨어져 있지만 1500년 전 당초 무덤을 조성할 때는 안에 먹고 마실 거리가 들어 있었습니다. 토기 안에서 동물뼈나 생선가시 또는 곡물껍질이나 그 잔해 등이 간혹 발견되고 있기에 가능한 추정입니다. 그래서인지 가야 고분군에서는 신라나 백제 같은 다른 고분군보다 압도적으로 많은 토기가 출토된다고 합니다.

가야 최초의 순장은 3세기 후반 김해 대성동고분군 제29호분에서 나타났습니다. 가락국에서 최초의 왕릉으로 꼽히는 무덤인데 1명의 순장이 확인되었습니다. 그러다가 4세기에 들어서면 최대 6명까지 늘어나게 됩니다. 이후 5세기 초반까지 성행하다 고구려의 공격으로 지배계층이 무너지면서 급격하게 쇠퇴합니다. 그래서 5세기 후반이 되면 다시 1명으로 줄었다가 결국 사라지게 됩니다.

순장에도 공식이 있었다

순장자의 숫자도 그렇지만 순장의 방식도 개별 세력마다 세부적으로 차이가 있었습니다. 먼저 김해 가락국을 보면 별도 공간을 마련해 묻거나 주인공과 같은 공간에 묻거나 주인공을 묻은 공간 바깥 가장자리에 묻는 등 위치가 조금씩 달랐습니다. 그러다 4세기에 접어들면서 일정한 규칙에 따라 배치되는 모습이 나타나게 됩니다.

첫째 무덤의 규모=주인공의 지위에 따라 순장하는 사람의 숫자가 정해져 있었습니다. 최상위층은 5~6명, 상위층은 4~5명 중상위층은 2명, 그 아래는 순장을 하지 않는 식입니다. 둘째 순장하는 위치가 주인공과 같은 공간으로 고정됐습니다. 셋째 순장하는 모양이 바뀌었습니다. 아랫사람이라는 뜻으로 발치에 누이던 것이 주인공을 좌우에서 둥글게 감싸는 모양으로 옮겨갔습니다. 순장의 취지에 좀 더 부합하도록, 받들어 모시는 데서 호위하는 형식으로 바뀌게 된 것이라고 볼 수 있습니다.

반면 함안 아라가야에서는 김해 가락국보다 100년 이상 늦은 5세기 중반에야 순장이 나타났습니다. 두 세력은 서로 긴밀하게 교류했음에도 이렇게 시간 차이가 납니다. 이는 아라가야의 지배계층이 순장을 실행할 수 있을 만큼 크게 성장하지 못했기 때문입니다. 생사여탈권을 가진 절대 권력의 형성이 그만큼 뒤처졌다는 방증이 됩니다.

그런데 아라가야의 순장은 다른 면모도 보여줍니다. 가장 많은 순장이 6명까지이고 주인공의 지위에 따라 순장자 숫자가 달라지는 것과 상위 세 계층에서 순장이 이루어진 것은 마찬가지입니다. 그런데 순장하는 위치와 모양의 경우 가락국이 초기에는 정해진 규칙이 없이 배치되었다면 아라가야는 처음부터 일정한 규칙대로 실행되었습니다. 초대형분과 대형분은 주인공 아래나 위에 직각이 되도록 누이고 중대형분은 주인공 아래에 평행이 되도록 자리를 잡고 있습니다. 아라가야가 가락국에서 순장을 들여오기는 했지만 그 위에 자신들만의 규칙을 세웠다고 할 수 있을 것 같습니다.

규모가 남다른 대가야의 순장

대가야의 순장은 가장 먼저 규모 면에서 그 특징을 찾을 수 있습니다. 지금까지 유골이 확인된 것으로는 최초의 순장인 제73호분에서도 최소 10인이었고 5세기 후반에 만들어진 제44호분은 줄잡아도 최소 36명 정도였습니다.

이는 고대 한반도는 물론이고 동아시아 전체를 통틀어도 가장 많은 숫자입니다. 같은 가야 권역에서 가락국·아라가야 등이 6명을 넘지 않았고 신라 또한 10명에 미치지 못하는 것에 비하면 엄청난 규모라 할 수 있습니다. 한꺼번에 이렇게 많은 사람들의 목숨을 빼앗을 수 있는 절대 권력의 존재, 말 그대로 어마무시하지 않나요?

대가야의 순장에서 볼 수 있는 또 다른 특징은 순장자의 배치가 순장하는 목적에 가장 걸맞게 이루어졌다는 점입니다. 순장이 처음 나타난 가락국의 경우 초기에는 일정한 규칙 없이 주인공의 주위에 놓여졌다면 대가야는 시작부터 저승에 가서 주인공을 모신다는 목적에 따라 위치가 정해져 있었던 거지요.

주인공의 머리 쪽을 제외한 좌우와 아래에, 또는 머리 쪽까지 포함해 상하좌우를 모두 둘러싸는 형태를 하고 있습니다. 이런 순장 관념은 아라가야에서도 동일하게 확인되는데요, 하지만 규모에서 차이가 이렇게 크게 납니다.

또 순장곽을 별도로 만들어 순장되는 사람을 위한 공간을 따로 마련한 것은 대가야에서만 나타나는 특징입니다. 고령 본관동고분군과 합천 옥전·반계제·봉계리고분군, 함양 백천리고분군에서도 순장곽이 확인되는데 모두 대가야권입니다. 그런데 순장되는 인원이 다량인 것은 핵심인 고령 지산동고분군이 유일합니다.

묻힌 위치나 몸에 지닌 물건 또는 함께 부장된 물건들을 보고 순장 당한 사람들의 생전 신분이나 역할을 짐작할 수 있다는 것도 흥미룹습니다. 주인공 공간에는 호위장군과 의전 수행원이 자리를 잡고, 재물을 묻은 부장 공간에는 창고지기나 재산관리인을 상정할 수 있는 식이지요. 생선뼈가 나오면 찬모, 칼이 나오면 호위병사, 말갖춤이 출토되면 마부, 금·은귀걸이나 관 장식품이 나오면 시종이나 측실 등으로 간주할 수 있습니다.

연령과 성별은 특별하게 구분되지 않아서 그야말로 남녀노소 모두를 아우르고 있습니다. 가장 규모가 큰 제44호분의 경우 연령과 성별을 파악할 수 있는 순장자가 23명이었는데, 20대 남녀 5명씩, 30대 남자 4명과 여자 3명, 50대 남녀 1명씩과 60대 여자 1명 그리고 7~8세 여자아이 3명이었습니다.

이를 보면 20~30대가 14명으로 절대 다수입니다. 다른 무덤에서는 40대가 순장된 경우도 많았다고 합니다. 여기에도 나름 이유가 있다고 합니다. 저승에서 주인공을 잘 모시려면 아무래도 체력이 건장한 청장년층이 제격이지요. 순장하는 목적과 부합되는 구성으로 보면 틀리지 않을 것 같습니다.

이밖에 묻힌 양상을 보면 단독으로 순장되거나 부부 또는 가족 단위로 순장된 경우가 모두 확인되었습니다. 일정한 영역 안에 혼자 묻힌 것도 나왔으며 남녀 2인이나 남녀 혼성으로 3인 이상 묻힌 것도 나타났기 때문에 그렇게 짐작할 수 있는 것이겠지요.

그러면 이렇게 순장된 사람들의 신분이나 지위는 어땠을까요? 지금 생각으로는 모시던 윗사람이 죽으면 아랫사람이 따라 죽는 것이니까 신분이 낮은 사람들이 대부분이 아닐까 여기기 십상이지만 꼭 그렇지는 않았습니다. 부장품 등으로 확인해 봤더니 순장된 사람들의 신분들은 생각보다 훨씬 다양했습니다.

제44호분은 대가야 전성기의 왕릉으로 간주됩니다. 이와 짝을 이루며 왕비릉으로 여겨지는 제45호분이 있습니다. 여기서는 주인공과 같은 공간에 순장된 3명은 제각각 금귀걸이·목걸이·고리자루큰칼, 금귀걸이·유리목걸이, 은귀걸이를 하고 있었습니다. 10명이 발견된 순장곽에서도 7명은 금·은 또는 금동 귀걸이를 하고 있었습니다. 이런 장신구는 주인공과 생전에 밀접하게 관계했던 높은 신분으로 간주할 수 있게 해주는 유물입니다.

순장의 형태는 네 가지 정도로 유형을 구분할 수 있다고 합니다. 여러 순장곽이 주인공 머리 쪽을 제외한 세 방향을 감싸는 것, 여러 순장곽이 주인공 머리 쪽까지 포함한 네 방향을 둘러싸는 것, 그리고 순장곽이 하나인 것과 순장곽 없이 순장한 경우가 그것입니다. 이밖에 순장을 하지 않은 고분도 있는 것은 다른 가야 세력의 순장과 마찬가지입니다.

주인공을 중심으로 세 방향과 네 방향을 둘러싼 형태는 당연히 중·대형분에서 나타납니다. 순장곽이 없는 경우는 중형분에서만 나타나는데 학계는 여성의 무덤에서만 보이는 독특한 현상으로 파악하고 있습니다. 그러므로 순장곽이 하나인 것은 상대적으로 지위과 신분이 떨어지는 남성의 무덤이 됩니다. 반면 순장이 상위계층에서만 행해진 것과 소형분에서는 대부분 순장이 확인되지 않는 것은 다른 가야 세력과 별반 다르지 않습니다.

대가야권역 전체에서 최초의 순장은 경북 고령 쾌빈동고분군 제 1호분입니다. 핵심인 지산동고분군과 가까운 거리입니다. 4세기 중·후반에 지어진 이 무덤에서 순장 인골은 발견되지 않고 순장 공간만 확인되었습니다. 3세기 말에 시작된 김해 가락국에 견주면 100년가량 늦고 5세기 중반에 처음 나타나는 함안 아라가야보다는 50년 정도 이른 편입니다.

그런데 앞에서 말하기를 지산동고분군에서는 5세기 초반에 만들어진 제73호분에서 가장 먼저 순장이 나타났다고 했습니다. 그렇다면 지산동고분군과 쾌빈동고분군은 어떤 관계일까요. 연속되는 걸까요, 동일한 고분군일까요? 아직은 이런저런 짐작이 있을 뿐이고 뚜렷하게 밝혀진 바는 없습니다. 향후 우리 역사학계가 해명해야 할 과제로 남아 있습니다. 그 뒤 5세기 중반에는 인원이 늘어나더니 5세기 후반~6세기 초반에 최대가 되었다가 점점 줄어들기 시작해 이후 6세기 중엽 직전에는 사라졌습니다.

순장, 그 시작과 끝은

순장이 없어지는 과정도 차이가 납니다. 가락국은 지배계층이 무너지면서 순장이 줄어들고 사라졌습니다. 순장을 하고 싶어도 할 수 있는 능력이 없어진 거지요. 반면 아라가야와 대가야는 지배계층도 건재할 뿐더러 커다란 고분도 계속 지어졌지만 순장은 5세기 중후반에 최전성기를 맞았다가 6세기 초반에 접어들면서 축소·소멸되었습니다. 순장할 능력은 그대로였지만 해당 지역 공동체에서 순장의 당위성과 필요성에 대한 공감대가 갈수록 옅어졌음을 알 수 있습니다.

무덤의 주인공이 평소 쓰던 물건과 지위를 나타내는 문물, 그리고 토기에 담아 일용할 양식을 묻는 풍습은 사후 세계에 대한 믿음과 관련이 있습니다. 그런데 이 시기에 이르면 함께 묻는 유물과 양식도 덩달아 눈에 띄게 줄어듭니다. 이런 현상에서도 당시 사람들의 사후 세계에 대한 인식의 변화를 짐작할 수 있습니다.

순장은 창녕 비화가야에서도 확인됩니다. 교동과 송현동 고분군이 그것입니다. 가장 늦은 편인 5세기 후반~6세기 전반에 이루어졌습니다. 극심한 도굴 등으로 정확한 양상은 파악하기가 어렵습니다. 그리고 규모도 상대적으로 작아서 현재까지 알려진 순장 무덤은 4기 정도입니다.

5세기 후반의 상위급 두 무덤은 주인공의 발치에 2~3명이 나란한 방향으로 묻혔고 6세기 초반의 최상위급 한 무덤은 발치에 4명이 직각으로 누웠습니다. 4명 가운데 한 명의 인골을 복원해 열여섯 살 소녀 송현이로 재탄생시켰습니다. 나머지 무덤 하나는 발치에서 순장자 3명이 발견되었지만, 도굴로 흐트러져서 제대로 알아볼 수 없었다고 합니다. 이밖에 합천 옥전고분군은 5세기 중후반 고분 하나에서 순장이 확인되었으며, 고성 송학동고분군과 전북 남원·장수의 유곡리와 두락리 고분군·동촌리고분군에서는 아직 확인되지 않았습니다.

이처럼 고대 한반도에서 순장이 처음 출현한 곳이 가야였고, 250년 동안 이어지면서 마지막까지 순장한 곳도 가야였습니다. 사후 세계가 있다는 내세관의 공유는 순장을 통해 가야 여러 세력을 같은 문화권으로 엮어주는 역할을 했습니다. 하지만 구체적인 양상은 저마다 달랐습니다. 그러므로 순장은 가야의 다양성과 독자성을 동시에 보여주는 사례라 할 수 있습니다.

최강 군사력은 어느 가야였을까?

가야라 하면 대부분 철을 중심에 두고 생각을 하게 됩니다. 철로 만든 농기구 등 다양한 것들이 있지만 무엇보다 무기를 떠올리게 됩니다. 그렇다면 여러 가야 세력 가운데 어느 나라가 가장 강성한 군사력을 지녔는지 살펴보는 것도 재미있을 것 같습니다.

출토되는 무기를 통해 군사력을 가늠해볼 수 있는 가야는 김해 가락국과 함안 아라가야 그리고 고령 대가야 등 세 나라 정도입니다. 그중에 김해 가락국은 일찍이 강력한 군사력을 갖추었다가 서기 400년 고구려의 침공으로 기세가 꺾이고 기력을 잃었기 때문에 직접 비교가 가능한 것은 아라가야와 대가야 둘이라고 할 수 있겠습니다. 아라가야와 대가야는 5세기 중반부터 6세기 중반까지 거의 같은 시기의 유물이 남겨져 있습니다.

무기는 크게 공격용과 방어용으로 나눌 수 있습니다. 화살과 창 같은 공격용 무기도 중요하지만 직접 나서서 몸으로 싸워야 하는 시절에는 방어용이 더 큰 비중을 차지했습니다. 출토된 유물 중에서 화살이나 창 같은 공격용 무기보다 갑옷이나 말갖춤 같은 방어용 무기가 훨씬 더 귀한 대접을 받기도 합니다.

전사의 무장은 공격용 무기에 방어용 갑옷을 더하고 말갖춤까지 갖추어야 완전하다고 할 수 있습니다. 그러나 모두가 완전하게 무장을 할 수는 없었습니다. 이 모든 무장을 갖출 수 있는 상위계층과 공격하는 무기만 개별로 보유하는 하위계층의 구분이 있었습니다.

상위계층은 말 위에서 고리자루큰칼 등을 차고 전투를 지휘했습니다. 하위계층은 말과 철갑옷을 갖추지 않은 채 쇠창을 들고 직접 전투를 수행했습니다. 갑옷과 말갖춤은 상위 고분에서만 출토되고 중하위 고분에서는 대부분 개별 무기만 출토되는 것이 이런 정황을 뒷받침해줍니다.

김해 해반천변의 중무장 기보 무사상

고령 지역에 있는 5세기 초반의 하위 고분군을 보면 대부분 쇠화살촉과 쇠창이 함께 들어 있고 개인 호신 무기인 칼이 나오는 경우는 적은 편입니다. 그러다 5세기 중반을 지나면 쇠화살촉이 크게 줄어드는 반면 쇠창이 많아집니다. 대가야의 무기체계가 쇠창을 중심으로 바뀌게 되었음을 보여주는 것이지요.

이를 통해 대가야의 군사조직이 쇠창을 활용하여 전술을 구사했던 전문화된 전사집단이었음을 알 수 있습니다. 이처럼 대가야의 무장조직은 쇠창이 중심을 이루고 있었습니다. 대가야에서 전술 구사의 기본 단위는 개별적으로 움직이는 개인이 아니라 무리지어 움직이는 집단이었다는 거지요.

이는 대규모 전투를 수행하는 데 더욱 적합한 형태인데 김해 가락국이 4세기 중반~5세기 전반에 이룩한 무기체계와 닮아 있다고 합니다. 5세기 중엽 무너진 가락국의 무기체계가 5~6세기 대가야에서 다시 실현됐다니 눈여겨볼 만합니다.

대가야의 본격 무장은 5세기 중반의 고령 지산동고분군 제73호분과 제35호분에서 나타나기 시작합니다. 5세기 후반의 제32호분에 이르면 여러 종류의 갑옷들이 출토되어 중장기마의 본격 출현을 알려주고 있습니다. 이후에는 왕릉급뿐 아니라 그 측근의 무덤에서도 갑옷과 말갖춤 등 무장의 집중화가 나타납니다.

아라가야는 대가야와는 다른 모습을 보여줍니다. 상위계층이 고리자루큰칼을 보유한 것은 같지만, 쇠창을 하위계층이 보유했던 대가야와는 달리 아라가야에서는 상위계층에 집중되어 있습니다. 대신에 아라가야의 하위계층은 칼을 주로 가지고 있었습니다.

그리고 그들의 칼은 손잡이가 쇠가 아닌 나무로 만들어진 것이었습니다. 이런 칼은 만드는 비용도 상대적으로 적고 제작도 손쉽게 할 수 있지만 창만큼 강력하지는 않았습니다. 개별 전투나 내부 질서 유지에는 적합하지만 대규모 전투에는 걸맞지 않은 무장으로 간주됩니다.

이런 무장의 차이는 신라가 가야 세력을 멸망시키고 나서 펼친 정책에도 반영되었습니다. 정복 과정에서 신라에게 조금이라도 더 위협적인 것은 분명 아라가야가 아닌 대가야였을 것입니다. 그래서 신라는 아라가야 사람들은 원래 살던 지역에서 그대로 살게 한 반면 대가야 사람들은 이리저리 흩어놓았을 개연성을 생각해 볼 수 있습니다.

이를 증명하는 유적이 강원도 동해의 추암동고분군입니다. 신라의 북쪽 변경에 해당하는 지역인데 대가야 양식 토기가 6세기 후엽의 신라 후기 양식 토기와 함께 출토가 되었습니다. 6세기 후엽이라면 대가야가 멸망한 직후로 당시 대가야 사람들이 거기까지 옮겨가 신라 사람들과 섞여 살았던 것입니다.

이는 신라가 자신들에게 정복당한 대가야의 지배층과 유민들을 그들이 살던 지역에서 먼 데로 내보내는 사민정책(徙民政策)과 관련되어 있습니다. 멸망당한 대가야 사람들을 신라가 어떤 방식으로 지배했는지를 짐작하게 해주는 유적은 이밖에 충북 충주 하구암리고분군이 더 있습니다. 반면 아라가야와 관련해서는 이런 성격의 유적이 아직은 확인되지 않고 있습니다.

말의 일본 전래와 대가야

동아시아에서 말을 길들이고 부리기 시작한 것은 대략 3000년 전으로 중국에서부터였습니다. 물론 말 문화와 사육의 원조는 그전 부터 유라시아 초원지대에 살던 유목민들이었습니다. 중국에서 한반 도 남부까지 말 문화가 퍼져 오는 데는 대략 1000년 정도가 걸렸습 니다. 기원 전후 시기에 해당됩니다. 그렇다고 말 문화가 들어온 경 로가 중국뿐인 것은 아니었습니다. 유라시아대륙 초원지대 유목민족 으로부터도 말 문화가 전해졌으니까요.

말로 수레를 끄는 문화는 1000년에 걸쳐 사람이 걷는 속도로 전 파되었습니다. 반면 사람이 말등에 탈 수 있도록 만든 발걸이는 말 이 달리는 속도만큼 빠르게 퍼져나갔습니다. 중국에서 발걸이가 등 장하자마자 거의 동시에 한반도 남부까지 전해졌던 것입니다.

세계 최초로 꼽히는 발걸이가 발굴된 것은 중국 동북지대 삼연 의 4세기 초반 고분에서였는데, 그로부터 불과 30~40년 늦은 4세기 중반에 조성된 김해 대성동고분군 제91호분에서도 발걸이가 나왔습 니다. 이처럼 가락국은 백제나 신라보다 먼저 발걸이를 받아들였던 거지요. 그런데 발걸이가 처음 생겨난 지역이 유라시아가 아니라 뒤 늦게 말 문화를 받아들인 중국이라고 하니 재미있습니다.

한반도 남부에 다다른 말 문화가 다시 바다 건너 일본까지 가는 데는 500년의 세월이 더 필요했습니다. 단순히 거리만 따져보면 한 반도에서 일본으로 가는 데 500년이 더 걸렸다니 의외이긴 합니다. 그런데 거기에는 그만한 까닭이 있었습니다. 말의 사육과 정착은 한

두 마리만 있어 가지고는 가능하지 않습니다. 최소한 수십 마리를 이동시켜야 하는데 일본까지 가려면 커다란 바다를 건너야 했습니다. 당시 해상 운송은 엄청난 추가 비용이 있어야 했는데다 위험 부담은 육상 운송과는 비교조차 되지 않을 정도였습니다. 5세기 전반 일본에 도달한 말 문화는 오랜 시간이 걸린 만큼 말안장은 물론 발걸이까지 갖춘 형태였습니다.

여태까지 고고학 자료를 보면 말 문화를 일본에 전달한 주역은 대가야와 백제였습니다. 물론 신라·마한과 다른 가야 세력도 전달했지만 주력은 그렇다는 얘기입니다. 실제로 군마현 등 일본열도 곳곳에서는 대가야계 말갖춤을 한 말 뼈가 종종 발견되기도 합니다.

일본으로 말을 들여가는 데에 가성비가 가장 좋은 항로는 어디였을까요? 가야 세력이 터를 잡고 있었던 남해안과 쓰시마~이키섬을 거쳐 규슈 북부 연안에 이르는 루트였습니다. 규슈 일대와 동일본 지역에는 대가야가, 기나이 지역에는 백제가 전달했다고 학계에서는 보고 있습니다.

말은 화물차다? 장갑차다?

말 하면 가장 먼저 떠오르는 장면이 있습니다. 드넓은 만주벌판에서 말 위에 올라타서 뿌연 흙먼지를 날리며 기세 좋게 달리는 모습입니다. 그런데 처음부터 사람이 말 위에 올라탈 수 있었던 것은 아니었습니다. 말이 가축으로 사용이 된 후 처음에는 수레를 끄는 일을 주로 했습니다. 기원전 210년에 죽은 중국 진시황의 무덤에서 나온 흙말들을 살펴보면 사람이 말등에 타고 앉은 모습이 아니라 모두 수레를 끄는 형상을 하고 있습니다. 당시 사람들이 직접 탈 수 있었던 것은 말등이 아니라 수레였던 거지요.

사람들이 직접 말등에 탈 수 있게 된 것은 기원 전후 시기에 말안장이 출현하면서부터였습니다. 그러면서 이동수단으로서 말의 효용이 획기적으로 높아졌습니다. 물건을 실어나르는 것은 여전히 수레를 써야 했습니다만, 사람과 정보의 이동·전달은 이전과는 비교할 수 없을 정도로 빨라졌습니다.

게다가 뭔가 하나가 새롭게 만들어지게 되면 그것을 바탕으로 더욱더 빠른 속도로 새로운 것이 등장하기 마련입니다. 뒤이어 서기 3~4세기에 발명된 발걸이는 지금으로 치자면 컴퓨터나 스마트폰의 출현만큼이나 혁명적인 것이었습니다. 이전에는 말 위에 올라탔어도 손은 자유롭지 못했지만 발걸이가 나오자 그 덕분에 손까지 마음먹은 대로 움직일 수 있게 되었습니다.

말 위에서 손이 자유로워지면서 엄청난 변화가 몰아닥쳤습니다. 말이 갖는 전투력이 최고 단계로 올라가게 된 것이지요. 물론 현재의 전차나 탱크 같은 돌파력은 이전 단계의 수레를 끄는 말이나 말안장만 놓여진 말도 갖추고 있었지만, 발걸이가 장착된 전투마는 갑옷으로 무장을 갖추고 전쟁터를 누비며 칼·창을 휘두르고 활을 쏘아대는 막강한 기마무사의 활약을 가능하게 했습니다.

이로써 말은 그야말로 최고의 권력수단으로 완성을 하게 됩니다.

사람과 물건과 정보를 운반하는 이동수단으로서뿐만 아니라 생산력과 군사력을 알려주는 뚜렷한 척도가 되면서 말을 소유할 수 있었던 집단은 그렇지 못한 집단보다 비교 불가능한 우위에 설 수 있었습니다. 대가야는 드높은 전투력을 상징하는 말을 대량으로 보유하고 체계적으로 관리하고 있었는데, 이는 일본에 말 문화를 전해준 주역이 대가야라는 사실로도 입증이 됩니다.

금공품도 전해주고

대가야는 같은 시기에 말뿐만이 아니라 금으로 만든 공예품도 일본에 전했습니다. 2019년 현재 일본에서 확인된 대가야산 금공품은 금관 2점, 금동관 5점, 금동용봉무늬 고리자루큰칼 49점, 금귀걸이 229점이며 이밖에 발걸이 등 금동으로 만든 말갖춤은 헤아릴 수 없을 정도로 많습니다.

5~6세기 가야 여러 나라 가운데 모양과 기법이 독자적인 금공품을 생산한 나라는 대가야뿐이었습니다. 이는 백제나 신라와 맞먹는 독자적인 문화로 평가를 받는 근거가 되기도 합니다. 경북 고령에서 성주로 이어지는 금광맥은 1900년대까지도 활발하게 채굴되었습니다. 금광의 개발과 금공품 생산·유통은 대가야 발전을 추동한 또다른 원동력이었습니다. 우리는 이와 관련된 다양한 유물들을 통해서도 대가야의 번영을 확인할 수 있습니다.

신라고분은 주로 평지에 있지만

가야고분은 산기슭 능선에 있습니다.

신라고분은 금동제 장식품이 많이 출토되지만

가야고분에서는 대부분 토기나 철기가 주로 나옵니다.

제2부

가야고분군을
찾아서

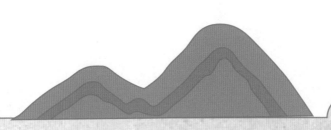

구지봉만큼 신성했던 대성동고분군

김해 대성동고분군은 애꾸지라 불리는 작은 언덕에 있습니다. 북쪽에서 남쪽으로 길게 뻗은 구릉으로 주위는 모두 평지입니다. 가락국 시조 김수로가 하늘에서 내려온 신성한 공간이 구지봉인데, 애꾸지는 아이+구지=작은 구지봉을 뜻합니다. 당대 삶터였던 봉황동 일대에서 올려다볼 수 있는 위치여서 지배계층의 사후 안식처로 적당한 곳이었습니다.

대성동고분군은 청동기시대에서 가야시대까지 여러 무덤이 시기를 달리하며 다양하게 변화하는 모습을 보여줍니다. 이른 시기의 고분은 비탈면과 주변 평지에 들어섰고 애꾸지의 주능선에는 3세기 초반에 북쪽부터 들어섭니다. 국가의 면모를 갖추기 시작하는 가락국

대성동고분군

(금관가야)의 성립기에 해당됩니다. 북쪽에는 3세기 고분이, 남쪽은 4세기 고분이, 그보다 더 남쪽에는 5세기 초반의 고분이 들어서 있습니다.

대성동고분군은 다섯 모둠으로 구분됩니다. 어느 모둠이나 중심은 왕릉급 고분입니다. 1모둠은 제29호분, 2모둠은 제70·88·91호분, 3모둠은 제13호분, 4모둠은 제1·2·3호분, 마지막 5모둠은 제73호분이 가운데 자리를 잡고 있습니다. 같은 시기의 다른 고분보다 주인공을 위한 내부 공간이 크며 유물도 화려하고 독특합니다. 위계가 낮은 고분들은 왕릉급의 주변과 평지에 들어서 있습니다.

재미있는 것은 4모둠의 중심인 제3호분의 경우 더 높은 자리가 있는데도 이후에 들어설 제1호분을 위해 비워놓고 그 옆 낮은 데에다 조성했다는 사실입니다. 왕릉급이 조성되는 능선의 높은 자리는 위계에 따라 사전에 묘역이 정해져 있었다는 얘기입니다.

무덤 위에 무덤을 만들다

그런데 애꾸지는 규모가 작다는 한계가 있었습니다. 4세기 후반에 이르자 미리 예약된 제1호분 묘역을 제외하면 능선에는 새로 무덤을 쓸 공간이 없을 정도였지요. 그래서 선택한 것이 선대의 묘역 위에 다시 무덤을 만드는 덮어쓰기였습니다. 이를테면 제47호분은 3세기 중반의 제46호분 위에, 제39호분은 3세기 후반의 제29호분 위에 일부를 허물고 들어섰습니다.

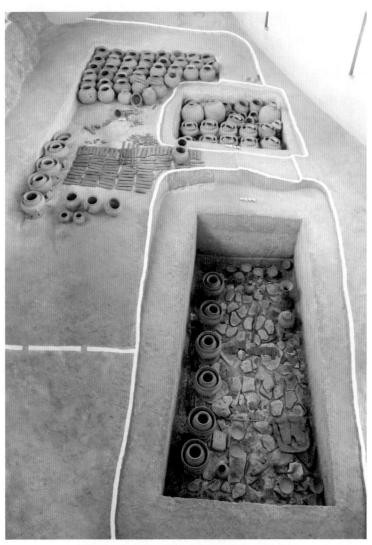

제29호분을 제39호분이 허물고 들어선 실제 모습

옛 무덤을 새 무덤이 덮어쓰는 시간 간격은 70~100년 정도였습니다. 여기서 두 가지를 짐작할 수 있습니다. 선대의 묘역을 허물고서라도 다시 무덤을 조성할 정도로 애꾸지가 사후 안식처로 중요하게 여겨졌다는 점과 당시 선대를 예우하는 시간 범위가 이런 정도였다는 것입니다. 생각보다 길지 않다는 생각이 듭니다.

이렇게 덮어쓰기를 했어도 5세기 중반이 되면 능선에 다시 빈터가 없어집니다. 제93호분이 4세기 중후반에 지어진 제94호분의 일부를 허물고 그 위에 들어선 것은 두 번째 덮어쓰기의 결과입니다.

봉분은 사라지고 흔적만 남아

대성동고분군의 특징 중에 하나가 높고 커다란 봉분이 없다는 것입니다. 이유는 무덤 안에 주인공과 유물을 넣었던 (덧)널이 모두 나무로 되어 있었기 때문입니다. 세월이 흐르면서 나무가 썩고 무너지면 위에 있던 봉분이 꺼지게 마련이지요. 게다가 처음부터 봉분을 크게 만들지도 않았습니다. 지나치게 크게 쌓으면 그 무게 때문에 안에 있는 나무(덧)널이 찌그러질 수 있었으니까요.

다른 지역 가야고분군에서 보는 높고 큰 봉분은 (덧)널의 재료가 나무에서 돌로 바뀌면서 등장을 합니다. 대성동고분군의 왕릉급 무덤은 돌(덧)널이 나타나기 이전의 것인데 겉모양을 크고 높게 하는 것보다 유물을 다양하고 풍부하게 묻는 것을 더 중요하게 여겼습니다.

다른 지역의 가야고분군은 봉분의 크기를 통해 왕릉급인지 아닌지 가늠할 수 있지만 대성동고분군은 그렇게 할 수 없습니다. 대신 주인공과 유물·순장자를 묻어 두는 내부 공간의 구조와 규모로 어느 정도 지위인지 짐작할 수 있습니다.

5세기 후반이 되면 제73호분을 제외하고 왕릉급 무덤이 더 이상 만들어지지 않게 됩니다. 고구려 광개토대왕이 침공한 이후로는 조성 원리와 생긴 모양이 다른 무덤이 나타납니다. 이는 가락국 지배 집단의 사후 안식처라는 역할이 멈추었다는 얘기입니다. 애꾸지를 사후 안식처로 삼았던 집단이 다른 데로 옮겨갔거나 사후 안식 공간을 다른 데에 마련했거나 그랬을 가능성이 높습니다.

대성동고분군은 가야 권역에서 가장 이른 시기에 순장이 시작됐다는 특징도 있습니다. 이는 가장 먼저 강력한 권력을 형성했고 그에 따라 계층의 분화도 일찍 이루어졌다는 것을 의미합니다. 4세기까지 전체 가야 세력을 이끌었던 맹주의 위상을 여기서도 확인할 수 있습니다.

청동기시대 무덤인 고인돌도

대성동고분군 한복판에는 청동기시대 무덤으로 확인된 커다란 고인돌이 있습니다. 여기에 대형 무덤이 조성되기 시작한 것은 오랜 세월이 흐른 3세기 초반입니다. 그 이전 300년 세월 동안 능선의 높은 자리에는 누구도 무덤을 쓰지 않았습니다. 그 까닭은 아마도 청동기시대 조상들에게 보여준 후손들의 예우가 아니었나 싶습니다.

덮개돌이 없어진 상태로 남은 대성동고분군 고인돌

대성동고분군에서 출토된 유물은 자체 생산한 물품뿐만 아니라 왜계, 북방계, 중국계에 이르기까지 다양합니다. 이는 바다 물길을 통해 활발하게 이뤄진 국제 교류를 잘 보여줍니다. 이렇듯 무덤에서 나오는 다양한 유물은 역사의 흐름을 이해하는 데 크게 도움이 됩니다.

3세기까지 농·어업 도구는 수입한 것이 대부분이고 분량도 많지 않지만 4세기 후반에는 자체 제작한 것이 대부분이고 수량도 많아집니다. 낙랑·대방의 소멸과 국제 정세 불안 등으로 해양 교역이 어렵게 되자 농업과 어업으로 눈길을 돌렸던 것이지요.

무기와 갑옷·투구와 말갖춤 출토에서도 바뀌는 모습을 확인할 수 있습니다. 이전에는 중국·낙랑 계통의 수입품 위주였으나 김해 현지에서 제작한 무기·갑옷·투구·말갖춤이 대신 그 자리를 차지하면서 수량도 늘어나게 됩니다. 자체 역량으로 만들어낸 철제 전투 장비가 많이 출토된다는 것은 가락국이 군사적으로도 강국이었음을 일러줍니다.

가락국은 4세기 후반까지 중단 없는 발전을 거듭하고 있었습니다. 무덤에서 나오는 화려한 왕관이나 귀걸이와 목걸이 같은 장식품은 가락국의 높은 경제 수준을 보여줍니다. 이밖에 낫·호미·낚싯바늘·작살·그릇·항아리처럼 당시 사람들의 실제 생활상을 보여주는 소박하지만 의미 있는 유물도 많습니다. 전체 다섯 모둠으로 구분되는 대성동고분군은 아직 발굴되지 않은 데가 많습니다. 한창 발굴이 진행 중인데 앞으로 모둠은 더 늘어날 수 있을 겁니다.

전국 유일 가야 전문 국립김해박물관

국립김해박물관은 국내 유일 가야 전문 국립박물관으로 고대 가야 문화가 한자리에 모여 있는 곳입니다. 김해의 가락국과 경남의 가야 세력뿐만 아니라 경북과 호남까지 가야 전체의 역사와 중요 유물을 함께 아우르고 있습니다. 국립박물관은 경기·부산·인천·울산·세종·대전을 제외한 11개 시·도에 있는데 대부분 하나씩이고 보기 드물게 경남은 충남·전북과 함께 두 개가 있는 경우입니다. 나머지 하나는 임진왜란을 전문으로 다루는 국립진주박물관입니다.

국립김해박물관은 겉모습부터 가야가 철의 나라였음을 상징하기 위해 철을 녹이는 용광로 모습을 하고 있습니다. 이처럼 박물관이나

국립김해박물관

기념관의 성격에 걸맞은 형상화는 다른 곳에서도 찾아볼 수 있는데요, 이순신 장군의 첫 승전을 기리는 거제 옥포대첩기념관은 판옥선 모양이고, 아라가야의 고장 함안박물관은 그를 대표하는 토기의 불꽃무늬로 겉모양을 꾸몄습니다. 이런 것도 한번 살펴볼 만합니다.

많은 가야 유물 가운데 화폐 기능을 했던 덩이쇠는 아이들도 흥미롭게 들여다볼 수 있는 물건입니다. 아마도 돈에 대한 관심 때문이 아닐까 싶습니다. 덩이쇠는 지금으로 치자면 골드바와 같은 것으로 덩이쇠를 통해 당시 중국과 일본, 고구려·신라·백제와의 교류를 짐작할 수 있습니다.

장식이 화려한 미늘쇠는 가야의 대표적인 유물로 꼽힙니다. 높은 사람들이 행사를 하거나 의전을 베풀 때 위세용으로 사용했던 물건으로 양쪽 가장자리에 붙어있는 새는 특별한 의미를 담고 있습니다. 옛날 사람들에게 새는 풍요를 상징하기도 하고 이승과 저승을 연결시켜주는, 말하자면 사후에 좋은 곳으로 데려다주는 존재로 여겨졌던 것이지요. 그래서 옛날 유물에 그렇게도 새 그림이 많았던 모양입니다.

가야 하면 말갖춤도 빠뜨릴 수 없습니다. 북방 기마문화를 받아들여 튼튼한 군사력을 갖추었던 가야의 정체성을 일러주는 유물이기 때문입니다. 기꽂이와 발걸이, 말갑옷과 말얼굴가리개는 물론 갑옷과 투구 등에서 강력했던 당시 가야의 모습을 확인할 수 있습니다.

다양한 크기의 미늘쇠(국립김해박물관)

용과 봉황 무늬를 금·은으로 새겨 넣은 고리자루큰칼과 금동 왕관과 금귀걸이·금목걸이 같은 화려한 장신구들은 당시 최고위 통치자들의 권력이 얼마나 대단했는지를 잘 보여줍니다.

쓰레기장을 품은 봉황동 유적

봉황동 유적에는 기원전 2세기 청동기시대부터 6세기 초반 가야 시대까지 사람들이 마을을 이루고 살았던 흔적이 곳곳에 남아 있습니다. 대성동고분군에서 남쪽으로 1km 정도 떨어진 봉황대 주변의 구릉과 들판은 2000~1500년 전에는 바닷물이 드나드는 해안지대였습니다. 그래서 일대는 사람살이에 적합한 생활터전인 동시에 내륙과 해양을 잇는 해상 교통의 요충이 될 수 있었습니다.

봉황동 유적의 패총에서는 토기·짐승뼈·뿔도구·가락바퀴·불탄쌀 등 다양한 물건들이 나왔습니다. 당대 사람들이 조개나 물고기 등을 잡아 먹고 버린 껍데기나 뼈·가시, 그리고 그것들과 함께 버린 생활쓰레기가 섞여 있습니다. 그들은 바다에서 물고기를 잡고 산과 들에서 사냥을 하고 논밭을 일구어 먹을거리로 삼았습니다. 가락바퀴로 실을 만들고 뼈나 뿔로 만든 바늘에 꿰어 옷을 만들어 입었던 거지요.

패총에서는 서기 14년에 제작된 중국 화폐인 화천(貨泉)도 출토되었습니다. 2000년 전의 중국 동전이 어떻게 여기까지 들어오게 되었을까요? 가락국 사람들의 활발한 해상 교역이 없었다면 김해 봉황동의 쓰레기장에서 화천이 발견되는 일은 없었겠지요.

봉황동유적의 회현리패총전시관

패총은 요즘으로 치면 쓰레기 폐기장입니다. 패총이 쓰레기장이었다 하면 신기하게 여기는 사람들이 적지 않습니다. 아무래도 비닐이나 음식물 쓰레기 등이 가득한 요즘의 쓰레기장이 떠올라서 그런 게 아닐까 싶습니다. 아무튼 쓰레기장에서 나온 여러 물건을 통해 먼 옛날 사람들의 생활상을 물론이고 교역까지 짐작할 수 있다니 참 흥미로운 일이라 할 수 있겠습니다.

대성동고분군과 짝을 이루는 왕성 자리

봉황동에는 항구 유적과 생활 유적이 서로 짝을 이루고 있습니다. 평지인 습지에서는 배, 노, 돌닻, 선박을 대는 접안시설, 통나무 울타리, 움집, 높은 마루 건물, 망루 자리 등이 나왔고, 구릉 지대에서는 주거용 건물 자리와 더불어 마을을 둘러싼 인공 도랑이 확인됐습니다.

5세기대에 쌓은 토성도 발견되었는데요, 가락국의 도읍을 에워쌌던 왕성으로 여겨집니다. 모래·자갈·진흙을 잘 섞어서 골고루 다진 다음 층층이 겹쳐 쌓았습니다. 지반이 꺼지지 않게 하고 마을과 항만을 보호하는 방어용 역할을 했던 건축물이라 할 수 있습니다. 토기를 구워냈던 가마터와 쇠를 단단하게 하기 위해 불에 달구고 두들겼던 야철 시설이 확인되었고 이동식 부뚜막이 발견되었으며 이밖에 옥구슬, 유리구슬, 흙인형, 붓 같은 물건도 나왔습니다.

봉황동유적의 중장기마 무사상

봉황동유적에 있는 마루 높은 건물

봉황동의 북쪽에 있는 대성동고분군=애꾸지가 죽은 조상을 모
시는 신성한 자리였다면 그 남쪽인 봉황동의 구릉과 습지는 이렇듯
살아 있는 사람들을 위한 삶터였습니다. 대성동고분군을 찾는 사람
들 중에는 의외로 봉황동 유적에 대해서는 모르는 경우가 많습니다.
두 유적지를 하나의 구역으로 연결해서 보면 이야기가 훨씬 더 풍성
해질 것 같습니다.

대성동과 어깨를 겨룬 양동리

양동리 고분군은 기원전 2세기부터 5세기에 걸쳐 형성된 고분군
입니다. 가락국의 또 하나의 고분군으로 가락국의 형성부터 발전까
지의 역사를 보여주고 있습니다. 대성동고분군과 함께 김해에서 가

장 비중 있는 고분군으로 꼽히지만 대중적인 인지도는 낮은 편입니다.

양동리고분군에서 눈길을 끄는 것은 2세기 후반에 조성된 무덤에서 덩이쇠가 한꺼번에 40개가 나왔다는 사실입니다. 이는 김해 지역에서 자체적으로 철소재를 생산할 수 있는 체계를 당시에 이미 갖추고 있었음을 보여주는 것입니다.

같은 시기 다른 지역의 어떤 무덤에서도 덩이쇠가 이렇게 많이 나온 사례가 없었다고 합니다. 뿐만 아니라 100년이 지난 후 대성동고분군의 왕릉급 무덤에서 출토된 43개와 맞먹을 정도라니 규모가 어느 정도인지를 짐작하게 합니다.

양동리고분군에서는 청동솥과 청동창 등 중국계·북방계와 일본계 유물도 여럿 발견이 되었는데, 이는 자체 생산한 철을 매개로 해서 동아시아 여러 지역과 해상을 통해 교류했다는 증거이기도 합니다. 이곳에서 순장이 확인이 되기도 했습니다.

국제 교류의 중심 김해는 항구 부자

같은 시기 같은 가락국의 대성동고분군 주인공들은 바로 옆 해반천을 끼고 봉황동 유적에 있는 항구를 쓰고 있었습니다. 그렇다면 양동리고분군의 주인공들이 낙랑·대방군이나 일본열도로 나아갔던 항구는 어디에 있었을까요? 양동리고분군 사람들은 그들의 생활 흔적이 남아 있는 유하동의 남쪽에 맞닿아 있는 관동리 유적의 항구를 통해 바다로 나아가지 않았을까 싶습니다.

여러 가지 정황으로 미루어보아 적어도 3세기까지는 양동리고분군 사람들이 대성동고분군과 함께 김해 가야 세력의 두 주축을 이루고 있었습니다. 그러니까 가락국은 대성동고분군의 봉황동 유적 항구와 양동리고분군의 관동리 유적 항구 등 두 곳을 통해 국제 교류를 벌였던 항구 부자였던 셈입니다.

그러나 양동리고분군의 주인공들은 3세기 후반 이와 같은 발전을 멈추게 됩니다. 비슷한 시기에 무슨 이유에선지 대성동고분군이 크게 앞서 나가기 시작하면서 부와 권력을 집중시켰기 때문이라고 합니다.

해안선·선착장과 집터 등을 표시해 놓은 관동유적모형관

조선 도로보다 튼튼했던 가야 도로

1500년 전 봉황동에서 확인된 가락국의 항구·부두 유적이 관동리에서도 뚜렷한 모습으로 나타났습니다. 관동리가 지금은 율하천 천변에 자리 잡은 내륙이지만 1500~2000년 전에는 바다와 붙은 갯벌 지대였습니다.

당시 배를 대는 선착장 구실을 했던 뜬다리 자리와 선착장에서 육지까지 오가며 물건을 실어 나르곤 했던 도로가 함께 발견됐습니다. 육지에서는 도로를 따라서 수십 채에 이르는 창고 건물 자리도 확인됐습니다. 줄줄이 나타나는 구멍 자리는 나무기둥을 박아 세우고 그 위에 수상가옥처럼 마루를 높게 설치한 건물을 지었던 흔적입니다. 그래야 짐을 보관해 두는 동안 습기의 피해를 줄일 수 있으니까요.

도로에는 물이 잘 빠질 수 있도록 양쪽으로 판 도랑이 나 있었으며 바닥은 돌을 깐 위에 진흙을 밀어 넣고 다져서 만들었습니다. 조선 시대 도로도 확인됐는데 단단한 정도는 오히려 오래된 가야 도로보다 못하다고 하니 그 까닭이 무엇인지 궁금합니다.

이 관동리의 항구 유적은 양동리고분군의 주인공들이 3세기 전후부터 6세기 즈음까지 사용했습니다. 가락국의 철소재와 토기·금속공예품 같은 실물과 그 생산기술을 일본에 전해주었던 또 하나의 기지였습니다.

여기가 지금 어떤 모습을 하고 있을까요? 발굴을 마친 직후 현장 일대에 '김해관동유적체육공원'을 조성하고 선착장이나 마루 높은 집 등을 재현해 놓았습니다. 그 옆에는 '관동유적 모형관'을 설치해 지도 사진·그림을 함께 두고 설명까지 곁들였습니다. 하지만 2021년 인가에 현장을 다시 덮어버려서 모형관만 남았습니다.

가락국에서 가장 신성한 구지봉

김해 가락국의 시조는 알려진대로 수로왕입니다. 수로왕은 하늘에서부터 구지봉으로 내려와 탄생했다는 탄강(誕降) 신화의 주인공입니다. 가락국으로 보자면 구지봉은 건국신화의 주무대인 것이고 그런 만큼 가락국에서는 가장 신성한 영역입니다.

일연 스님은 자신이 쓴 『삼국유사』에서 금관지주사를 지냈던 어떤 문인이 쓴 '가락국기'가 있는데 그것을 요약·정리해 옮겨 싣는다면서 구지봉과 관련된 이야기를 소개했습니다.

"아직 나라가 없던 이 시기의 사람들은 산과 들에 모여 우물을 파서 물을 마시고 밭을 갈아서 먹으며 살고 있었다. 1만 가구에 7만5000명 정도였는데 이들을 다스리는 사람으로는 아도간·여도간 등 아홉 명의 간이 있었다.

서기 42년 3월 공중에서 들리는 소리를 따라 200~300명이 구지봉에 올라가 시키는 대로 구지가를 노래 부르며 즐겨 춤을 추었다. '거북아 거북아 머리를 내놓아라. 만약 내밀지 않으면 불에 구워 먹으리'라는 것이었다.

그러자 하늘에서 붉은 보자기로 싼 황금 그릇이 내려왔고 그 안에는 해처럼 둥근 황금알이 6개 있었다. 12일이 지난 뒤 여섯 황금알은 여섯 사내아이로 바뀌었다. 열흘 남짓 지나니 키가 9척이 되었는데 용모가 빼어났다. 제일 처음 나타난 사람을 수로라 하면서 사람들이 가락국의 임금으로 받들었고 나머지 다섯은 각각 다섯 가야로 가서 임금이 되었다."

국립김해박물관을 받치는 뒷동산이 바로 구지봉인데 그 자체로만 보면 그다지 높지 않은 야트막한 구릉입니다. 하지만 주변에 평지가 대부분인 전체 지형을 고려하면 일대에서는 가장 높은 곳입니다. 옛날 여기 살던 사람들에게는 사방 어디서나 손쉽게 접근할 수 있으면서도 도드라진 자리였습니다. 위에 오르면 사방이 내려다보이고 아래에 서면 어디서든 우러러 보이는 곳이지요.

일대를 다스리던 아홉 마을의 우두머리들이 수로왕을 맞이하기 위해 모여서 잔치를 벌이기에는 이보다 더 안성맞춤인 데는 없었습니다. 구지봉에 대해서는 『조선왕조실록』에도 기록이 나옵니다. 날이 가물 때 하늘에 비를 내려달라고 비는 기우제를 지내는 곳이라고 말입니다. 기우제는 신령스러운 기운을 내려받을 수 있는 자리에서만 지냈습니다.

정상이랄 것도 없는 구지봉 높은 자리에 오르면 중앙에서 조금 치우친 위치에 널찍하고 잘 생긴 고인돌이 놓여 있습니다. 수로왕의 철기시대보다 이전인 청동기시대에 이 지역을 다스리던 인물이 묻힌

구지봉 고인돌

곳으로 그때 사람들도 이곳을 신성한 장소로 여겼다는 증거이기도
합니다.

그러므로 수로왕의 가락국 건국신화는 청동기문화에서 철기문화
로 세력이 교체된다는 의미를 띠고 있습니다. 아홉 명의 간은 청동
기 사람들이고 그들이 임금으로 추대한 김수로는 철기 사람입니다.
가락국 건국신화는 이러한 세력 교체가 김해에서 평화적으로 이루
어졌다고 말해줍니다. 이는 가야 역사의 출발이었고 가락국의 성립
이었습니다.

수로왕릉과 허왕후릉의 원래 모습은?

수로왕릉은 봉분이 커다랗고 높은 모습을 하고 있습니다. 처음부터 이런 규모의 봉분이었을 거라고 생각하는 사람들도 드물지 않게 있습니다. 수로왕의 무덤이라면 이 정도는 충분히 되어야 하지 않을까 싶으니까요. 하지만 처음에는 이런 규모의 무덤이 아니었습니다. 조금만 생각해 보면 그 까닭을 어렵지 않게 알 수 있습니다.

김해 가락국의 역사를 적은 '가락국기'를 보면 수로왕은 서기 199년에 세상을 떠났습니다. 수로왕의 왕비인 허왕후는 10년이 이른 189년에 세상을 하직했다고 적혀 있습니다. 그러니까 당시는 높고 큰 고분이 등장하기 훨씬 이전이었습니다.

가야에서 커다란 고분이 등장하는 시기는 400년대입니다. 신라도 비슷한 시기에 높고 큰 고분이 만들어지기 시작합니다. 그 이전은 말하자면 국가가 형성되기 시작하는 시기로 왕권이 강력하지 못했고 크게 쌓는 기술도 없었습니다. 그러니 지금의 무덤은 후대에 커다랗게 쌓아올렸다고 보는 편이 타당합니다.

가락국 마지막 임금 구형왕은 신라에 나라를 들어서 바치고 투항했습니다. 그 후손은 이후 신라에서 높은 벼슬을 하는 귀족이 됩니다. 구형왕의 증손자가 바로 우리가 잘 아는 삼국통일의 주역 김유신 장군입니다. 그 누이동생이 태종무열왕 김춘추와 혼인했으니 신라 왕실의 외척이기도 합니다. 구형왕의 후예들은 엄청난 존경 속에 커다란 권한을 누렸습니다.

이는 수로왕릉이 제대로 보존될 수 있었던 배경이 됩니다. 수로왕

수로왕릉(위)과 허왕후릉(공식 명칭은 수로왕비릉)

릉은 (통일)신라시대는 물론이고 멸망 이후에도 계속 보호를 받았습니다. 새로운 왕조는 이전 왕조의 선조들까지 합당한 예우를 했습니다. 조선 초기 한때를 빼고는 고려와 조선 두 왕조 모두 제대로 보살폈습니다.

수로왕릉을 관리하는 것은 김해 수령들의 주요 임무였습니다. 임금이 직접 관심을 보이고 보호를 명령한 적도 있었을 정도니까요. 수로왕릉이 지금과 같은 모습을 갖춘 것은 조선 선조 때로 알려져 있습니다. 임진왜란 때 왜적들이 망가뜨린 것을 보수한 것입니다.

부부인데도 무덤이 떨어져 있는 까닭은?

또 한 가지 궁금증은 허왕후와 수로왕이 부부인데도 두 능묘가 같은 자리에 있지 않고 1km가량 떨어져 있다는 것입니다. 부부라면 무덤을 나란히 쓸 수도 있고 합장도 할 수 있었을 텐데 말입니다. 실제로 신라 흥덕왕릉이 부부 합장이고 가야의 양산 북정리고분군에도 부부총이 있습니다.

그 까닭은 당대 사회의 지배 구조와 관련지어 생각해 볼 수 있습니다. 수로왕 부부는 2000년 전에 살았던 인물입니다. 당시는 강력한 왕권이 확립되어 있었던 고대 국가에 이르지 못한 시기였습니다. 유력한 몇몇 부족이 연합해서 나라를 구성하고 백성들을 다스렸습니다.

가야와 어깨를 나란히 했던 고구려·백제·신라에서도 확인되는 현상입니다. 왕족은 대대로 임금을 배출했고 왕비족은 대대로 왕비를 배출했습니다. 그러다가 임금이 죽으면 왕족의 영역에 묻히고 왕비가 죽으면 왕비족의 영역에 묻히는 것입니다. 그러니 아무리 부부라 해도 죽어서 묻히는 자리는 제각각 다를 수밖에 없었던 거지요.

경상북도
고령군

산성과 왕궁, 그리고 고분군

지산동고분군을 좀 더 쉽게 들여다보기 위해서는 전체적인 그림을 그려보는 것도 좋을 것 같습니다. 먼저 대가야 사람들이 도읍을 정할 때 중심으로 삼은 곳이 주산입니다. 일대를 병풍처럼 둘러싸고 있는 주산 높은 곳에는 산성을 쌓았고 동쪽으로 뻗어내린 산기슭 낮은 자리에는 왕궁을 들여앉혔습니다.

왕궁 아래에는 북쪽 대가천과 동쪽 회천, 남쪽 안림천으로 둘러싸인 지역을 생활 터전으로 삼았습니다. 한편으로 주산에서 남서쪽으로 뻗은 줄기능선에는 거대한 고분군을 조성했습니다. 동쪽의 왕궁과 주거지에서 언제든지 올려다볼 수 있는 곳에 자리를 마련한 것이지요.

이처럼 지산동고분군은 주산성·왕궁과 함께 도읍의 핵심 요소로 기획·조성되었습니다. 대가야가 번성하기 시작한 5세기에 들어서면서입니다. 5세기 이른 중반 제73호분을 시작으로 대형 고분들이 들어섰으며 멸망 이후 7세기 중반까지 200년 남짓 조성이 되었습니다.

여기에 서서 보면 주산과 왕궁, 낙동강으로 합류해 들어가는 대가천·회천·안림천이 당대의 주거지와 함께 한눈에 담깁니다. 대형 고분은 줄기능선을 따라 내려가다 남동쪽으로 갈라져 나가는 가지 능선에도 여러 개 모여 있습니다.

지산동고분군에서는 지름이 20m가 넘는 대형분 19기, 10~20m의 중형분 103기, 10m 이하 소형분 582기 등이 현재까지 확인되었습니다. 대형분은 줄기능선과 가지능선에 일정한 간격으로 늘어서 있고, 중형분은 동쪽 가지능선에 밀집해 있습니다. 다른 가지능선과 비탈에도 크고 작은 고분이 있는데 봉분이 없어진 중소형분까지 합치면 1만 5000기 정도라고 하니 과연 그 규모가 압도적입니다.

지산동고분군은 대규모 왕릉군으로 임금과 왕족, 고위 귀족과 관료가 묻힌 최상위고분군입니다. 지름이 10m가 되지 않은 소형분들도 함께 조성되어 있는데 병사나 기술자 등 임금을 모시던 이들의 것이겠지요. 그러니까 위치나 크기에 따라 무덤 주인의 신분이 달랐다고 보면 되겠습니다.

주산성의 외성벽 자리

높이는 그대로인데 지름은 작아지고

지산동고분군에서 가장 큰 제5호분은 밑지름이 40m를 넘습니다. 다음으로 40~30m 정도는 5기(제2·3·4·261·268호분)가 있으며 30~25m는 6기(제1·15·42·44·75·260호분), 이보다 작은 25~20m는 모두 7기(제6·45·57·73·131·270·323호분)가 있습니다. 그중에서 30m 이상은 모두 왕릉으로 보면 맞다고 합니다.

그런데 5세기 말에 접어들면 같은 왕릉급이라도 대체로 봉분의 지름이 줄어드는 양상을 띱니다. 높이는 그대로 유지하면서도 지름을 줄일 수 있을 정도로 토목기술이 발전했기 때문이지요. 이에 따라 30m 이상이라야 왕릉급으로 봤던 이전과는 달리 20m 이상만 되어도 왕릉급으로 간주할 수 있게 되었습니다. 왕비나 직계 왕족까지도 여기에 포함이 됩니다.

하지만 눈으로 보이는 것만으로는 정확하게 판단하기 어려운 경우도 당연히 있습니다. 지름이 20m가 되지 않는 중형분인 제30·518호분을 복원했더니 20m 이상인 왕릉급으로 밝혀졌습니다. 지름이 11m밖에 되지 않는 제74호분도 유물은 왕릉급이었다고 합니다.

공유에서 전유로

지산동고분군이 성립하던 5세기 이른 중반에는 크고 높은 고분이 한꺼번에 여럿 조성되는 특징을 보입니다. 제30호분과 제73호분,

고령 지산동고분군

제75호분 등 3개의 왕릉급이 거의 동시에 들어선 것입니다. 이들은 줄기능선이 아닌 가지능선에 들어선 것도 특징이라 할 수 있습니다.

이를 두고는 일대의 여러 하천을 따라 따로 나뉘어 있던 몇몇 세력이 연합을 했기 때문이라는 추측이 가능합니다. 최상위인 지산동 고분군에 여러 세력이 함께 무덤을 썼다는 얘기입니다. 지산동 주변의 다른 상위고분군들에는 비슷한 시기에 중대형분이 조성되지 않았다는 사실도 이를 뒷받침하는 근거가 됩니다.

그러다가 제44호분이 지어지는 5세기 말엽 즈음부터는 대형분이 가지능선이 아닌 줄기능선에만 들어서게 됩니다. 이와 함께 주변의 상위고분군에서도 높고 큰 고분이 만들어지기 시작하지요. 이는 지산동고분군이 단일 세력의 왕릉 영역으로 특정되었기 때문이고 둘 이상의 집단이 공유했던 지배권력을 한 집단이 전유하게 됐다는 의미입니다. 대가야의 획기적인 발전기로 볼 수 있겠습니다.

신라에서 백제로 다시 신라로

발전을 거듭하던 대가야가 6세기 중엽에 내리막길로 접어들게 됩니다. 이 시기에는 지산동고분군의 남쪽과 거기서 남동쪽으로 이어지는 고아리에 고분군이 조성되는데 내부 구조가 주로 백제계라는 것도 눈여겨볼 만합니다. 이유는 백제의 동진에 맞서기 위해 신라 왕실과 결혼동맹을 했다가 이것을 신라가 깨는 바람에 실패로 돌아가면서 백제에 붙지 않을 수 없었던 사정과 맞물려 있다고 볼 수 있겠습니다.

그렇다면 대가야 멸망 이후 지산동고분군은 어땠을까요? 신라에게 멸망당했던 만큼 신라계 일색으로 바뀌었을까요? 신라의 영향은 이전인 6세기 초, 그러니까 신라와의 결혼동맹이 유효했던 시기에도 나타났습니다만 그래도 대체로 6세기 말까지는 무덤 형식과 내부 구조는 대가야식이 유지됩니다.

하지만 무덤에 묻었던 토기는 멸망 직후부터 신라계로 바뀌었습니다. 그러다 7세기에 이르면 무덤 형식과 내부 구조까지 완전히 신라계로 달라집니다. 후반기 가야 권역 최대의 세력이었던 대가야가 신라의 일개 지방으로 확실히 편입됐기 때문이지요. 이처럼 무덤의 형식과 구조 변화를 통해 많은 것을 추리해 볼 수 있다니 참 흥미롭습니다.

처음엔 아래에 나중엔 위로

지산동 최초의 왕릉급인 제73호분은 높은 위치에 있지도 않고 줄기능선에 있지도 않습니다. 거기에서 갈라져 나온 가지능선에서도 아래쪽 끝자락에 놓여 있습니다. 김해 가락국의 대성동고분군이나 함안 아라가야의 말이산고분군에서도 마찬가지로 확인되는 양상입니다.

왜 그랬을까요? 이유는 간단합니다. 아직 주산에서는 고인돌이나 암각화 같은 청동기시대 유적이 발견되지 않았지만, 대가야 사람들이 주산 일대를 그들의 선조들이 묻혀 있는 신성한 영역으로 여겼기 때문이지요.

왕릉급들이 주산 정상을 향해 가지능선이나 줄기능선을 타고 올라가는 것은 5세기 중반 이후입니다. 조상들을 신성시하는 정도가 약해졌기 때문일 수도 있고 왕권이 그 이상으로 강력해졌기 때문일 수 있습니다. 물론 둘 다 때문일 수도 있겠지요.

이때가 되면 봉분도 덩달아 크고 높아지게 됩니다. 이전까지는 귀하고 값비싼 유물이 많이 들어 있는 왕릉급도 봉분이 크지 않았습니다. 봉분 아래 주인공을 묻어 두는 공간을 목재로 만들어서 그랬는데 그 이후 석재로 대신할 수 있게 되면서 봉분은 크고 높아졌습니다.

무덤에서 웬 음식물이

사람들이 먹었던 음식물이 많이 출토된 것도 지산동고분군의 특징입니다. 주인공 공간과 부장 공간 그리고 순장 공간이 제각각 마련되면서 토기를 묻을 수 있는 자리가 많아졌기 때문으로 볼 수 있습니다. 당시 묻었던 토기가 지금 보면 비어 있지만 당초에는 사후 세계 저승에서 주인공과 순장당한 사람들이 먹을 음식물로 가득 차 있었습니다.

술이나 물은 물론이고 닭이나 꿩 또는 바다에서 나는 대구와 청어, 게와 소라·굴·고둥 등이 담겨 있었습니다. 벼와 기장과 관련된 흔적도 있고 바다에서 살다가 하천에 와서 알을 낳는 황어도 있고 민물 생선인 누치는 특히 많이 나왔습니다. 당대 대가야 사람들의 음식문화 실태를 알려주는 소중한 유물들입니다.

특히 바다에서 잡히는 해산물에는 이와는 다른 의미까지 담겨 있습니다. 대가야는 내륙 깊숙한 곳에 자리하고 있었습니다. 이런 대가야가 어느 시기에 해양에 이르기까지 영역을 팽창시켰는지를 일러주는 지표 역할을 톡톡히 하고 있습니다.

또 생선뼈와 조개껍데기는 모두 순장곽에서만 나왔다는 것도 뜻하는 바가 있다고 합니다. 그 순장곽에 묻힌 사람은 주인공을 위하여 요리를 전담했던 상궁일 수도 있습니다. 당시 대가야 사회도 이렇게 직분이 나뉘어 있었다는 것을 짐작게 하는 근거가 되는 것입니다.

새로운 토목공법 제73호분

제73호분은 5세기 들어 가장 이른 시점에 주산의 줄기능선에서 남쪽으로 흘러내린 가지능선 끝자락에 자리 잡은 지름 22~23m 규모의 대형 무덤입니다. 비슷한 시기의 대형 고분들은 무덤 속 주인공 공간을 모두 석재로 조성했지만, 제73호분은 유일하게 목재를 썼다는 것이 특징입니다.

목재로 만든 가야의 대형분은 김해 가락국의 대성동고분군에 많이 있습니다. 차이점이 있다면 대성동은 봉분이 나지막하고 지산동 제73호분은 높다랗다는 것입니다. 김해 가락국 전성기의 마지막이라 할 수 있는 대성동 제1호분의 뒤를 잇는 무덤인 것입니다. 이는 대성동고분군의 전통을 대가야에서 계승했다는 의미를 지닙니다. 동시에 대가야의 번성과 지산동고분군의 시작을 알리는 최초의 고분이라는 위상을 가지고 있습니다.

제73호분은 전에 없던 새로운 토목공법을 적용해서 조성했습니다. 목재는 언젠가는 썩기 마련입니다. 그러면 높은 봉분은 그 무게 때문에 안으로 무너져 내립니다. 이를 막기 위해서 채택한 공법이 흙주머니쌓기와 흙둑쌓기였습니다. 흙주머니쌓기는 흙을 주머니에 담아 흘어지지 않도록 하는 것이고 흙둑쌓기는 바퀴살 모양으로 둑처럼 벽을 쌓아 무게압력을 분산시키는 것입니다. 제73호분은 내부 공간을 목재로 한 것은 최후였고 흙주머니쌓기와 흙둑쌓기는 최초였습니다.

부장품도 많았습니다. 백제 기술을 받아들여 만든 고리자루큰

지산동 제73~74호분(가장 뒤쪽이 73호분, 그 오른쪽이 74호분)

칼, 신라에서 수입한 금동관꾸미개와 말갖춤, 그리고 말머리뼈와 갖가지 토기들이 종류별로 다양하게 발굴이 되었습니다. 논농사를 지을 때 물꼬를 트고 닫는 살포도 나왔는데 농업에 대한 관리·통제권을 장악하고 있었음을 표상하는 물건으로 해석이 됩니다.

순장자는 유리목걸이와 금동관꾸미개를 한 사람까지 쳐서 최소 11명이 확인되었는데요, 이는 무덤의 주인공이 어느 정도 위상에 있었는지를 짐작할 수 있게 해줍니다. 또 제74호분과 표주박 모양을 이루며 이어져 있는데요 이 때문에 이들 두 무덤의 주인공은 특수 관계였을 것으로 짐작이 됩니다.

최초의 석재 대형분 제75호분

제73호분이 내부의 주인공을 위한 공간이 목재로 된 마지막 고분이라면 제75호분은 내부 공간을 석재로 만든 최초의 대형분이라 할 수 있습니다. 둘 다 거의 비슷한 시기인 5세기의 이른 중반에 조성되었는데 제75호분이 제73호분보다 약간 큰 타원형 모양입니다.

주인공을 안치한 석실의 덮개돌은 얇고 널찍한 판상석과 네모로 다듬은 굵은 장대석을 함께 썼습니다. 판상석을 두 겹으로 겹쳐 얹거나, 한 겹인 경우는 장대석을 아래에 괴었고 어떤 부분은 장대석들만 가로로 걸친 데도 있었습니다. 크고 높은 봉분의 무게압력을 견디기 위해 이렇게 만들었습니다.

발굴 당시 이미 대부분 도굴되었음에도 많은 부장품이 나왔습니다. 갖가지 토기는 물론이고 금동제·은동제 말갖춤, 고리자루큰칼, 말갑옷, 갑옷과 투구, 금동제 화살통, 철제 관꾸미개, 목걸이, 살포, 덩이쇠 뭉치 등이 쏟아져 나왔습니다. 만약 도굴되지 않았다면 이보다 엄청났겠지요.

순장도 어마어마한 규모였습니다. 최소 12인 이상으로 확인되었고 소 또는 말을 한 마리 통째로 묻는 동물 순장도 나타났습니다. 무덤 바깥 북쪽 호석 앞에는 나지막하게 돌을 쌓아 만든 제사 공간까지 마련되어 있었는데 주변에는 제사에 쓰고 나서 깨뜨린 토기들이 흩어져 있었습니다.

가장 크고 도드라진 제5호분

주산 정상을 둘러싸고 있는 주산성 남쪽 아래에 지산동고분군이 있습니다. 산성이 끝나는 곳에서 조금 거리를 두고 능선이 시작되는데 제1~5호분이 능선을 따라 위에서 아래로 나란히 들어서 있습니다. 이 가운데 제5호분은 가장 아래에 있지만 볼록 튀어나온 부분이라 동서남북 어디로나 조망이 가능한, 당시 왕궁과 주거지에서 볼 때 가장 두드러지는 자리라고 할 수 있습니다.

규모도 대단합니다. 주인공을 모시는 내부 공간도 길이가 9.8m로 기다랗고 봉분도 지름이 47m가량으로 지산동고분군에서 가장

지산동 제1~5호분(왼쪽에서부터)

큽니다. 앞에는 단독으로 제사 지내는 공간까지 별도로 마련해 두었는데 왕릉급이라는 뜻입니다. 앞선 시기의 대형 고분들 둘레에는 소형 고분이 있었지만 여기서는 보이지 않습니다.

출토된 유물도 화려합니다. 용무늬고리자루큰칼, 유리 귀걸이·목걸이, 은제 고깔모자 장식과 팔찌, 금동제 화살통이 있었고 쇠화살촉도 30개가량 나왔습니다. 그중에서도 용무늬 고리자루큰칼은 최고 지배자를 상징하는 유물입니다. 대가야산으로 6세기 전반에 제작된 것입니다. 순장 공간에서는 금귀걸이가 두 쌍 나왔는데 지산동고분군에서 확인되는 마지막 순장입니다.

이 무덤을 두고 예부터 금림왕릉이라 일컬어져 왔습니다. 그런데 금림왕은 대가야 관련 기록에는 등장하지 않는 이름입니다. 금림왕에 해당되는 인물을 비슷한 시기의 역사 기록에서 찾아보면 가실왕 아니면 이뇌왕으로 나옵니다. 가실왕과 이뇌왕 중 한 사람의 무덤으로 짐작을 할 수 있겠습니다.

가실왕은 우륵에게 가야금 12곡을 만들도록 시킨 임금이고 이뇌왕은 신라와 결혼동맹을 했던 임금입니다. 두 인물 모두 6세기 전반의 기록에 등장합니다. 『삼국사기』·『신증동국여지승람』·『남제서』·『일본서기』 등 고대 서적에 이름이 나오는 대가야 임금은 시조 이진아시왕, 기본한기(己本旱岐), 가실왕, 이뇌왕, 하지, 마지막 16대 도설지왕 등 6명입니다. 이뇌왕의 아들로서 마지막 태자였던 월광태자도 있는데, 우리에게 비교적 친숙한 이름이기도 합니다.

특이한 순장으로 유명한 제30호분

주산 줄기능선에서 남쪽으로 뻗어내린 나지막한 가지 능선 끝자락에는 언덕이 하나 봉긋하게 솟아 있습니다. 여기에 자리잡고 있는 제30호분은 5세기 중반에 조성된 무덤입니다. 타원형인 봉분은 지름이 15~18m밖에 안 되는 중형분이지만 출토 유물로 볼 때 왕릉급으로 여겨집니다. 대가야왕릉전시관 앞쪽에 복원되어 있어 좀 더 가까이 들여다 볼 수 있습니다.

이 고분은 특이한 순장으로 유명합니다. 순장은 주인공을 모신 공간 안이나 둘레에 하는 것이 보통입니다. 그런데 여기서는 순장한 자리가 둘레에도 4곳이 있지만 주인공을 모신 바닥 아래에도 한 곳이 더 있었습니다. 여태까지 한 번도 나타난 적이 없었던 형태입니다.

지산동 제30호분

10살 전후 어린아이의 머리뼈도 나왔습니다. 작은 금동관과 함께였습니다. 이 어린아이와 주인공은 아마도 특별한 관계였을 것으로 짐작이 됩니다. 임금이 죽은 그 해에 공교롭게도 어린 자녀도 죽는 바람에 같이 묻었던 것일까요? 아니면 다음 세상에서도 함께 살고 싶어서 살아 있는 어린 자녀를 순장한 것일까요?

주인공을 모시는 내부 공간을 석재로 짜고 그 위에 올린 덮개돌 가운데 청동기시대 유적인 암각화가 새겨진 바위가 있는 것도 독특합니다. 다른 덮개돌은 모두 무덤이 자리 잡고 있는 주산에서 조달했습니다만 이것만은 1km 떨어진 안림천 강변에서 골라 가져온 것이라고 합니다. 주인공에 대한 지극한 예우가 느껴지는 장면입니다. 무덤 속에 남겨진 것들은 이렇게 후세 사람들에게 많은 이야기를 건네줍니다.

부부 두 쌍이 나란히 제32~35호분

제32·33·34·35호분은 중형분입니다. 이들은 대가야 왕릉전시관 뒤편 능선 마루 언덕에 줄지어 늘어서 있습니다. 제73·75호분 다음으로 앞선 시기에 조성된 것들입니다. 제32·33호분은 아래위가 아닌 양옆으로 나란히 있으며, 제34·35호분은 붙어 있는 연접분입니다. 이런 배치 때문에 둘씩 짝지어진 임금과 왕비의 무덤이 아닐까 여기는 사람이 많습니다.

이렇게 짐작을 하는 데에는 무덤에서 나온 유물도 한몫 단단히 거들었습니다. 이를테면 제32호분에서는 금동관과 갑옷·투구가 나왔고, 제33호분에서는 유리구슬 같은 장식품과 실을 잣는 방추 등이 나왔습니다. 남녀의 구분을 짐작게 하는 것들이지요.

두 고분에서 모두 출토된 귀걸이와 말갖춤, 고리자루큰칼은 남녀를 떠나 신분을 보여주는 것이고, 또 제32호분에는 있지만 제33호분에는 없었던 미니어처 농기구들은 남자 주인공이 집행했을 제사 기능과 관련이 있다고 보면 대체로 맞을 것입니다.

지름이 11m 정도인 제32호분에서 출토된 금동관은 등 뒤에서 빛이 뿜어져 나오는 광배형인데 고구려·백제·신라에는 없는 독특한 모양을 하고 있습니다. 우리나라에는 이런 형식이 없고 일본에서도 후쿠이현 니혼마츠야마고분에서 나온 은동관 하나뿐입니다. 아마도 이 무덤에서 나온 금동관을 본떠 만든 것이 아닐까 여겨집니다.

제33호분은 지름이 9m 안팎으로 작은 편이지만 부장된 물품은 수준 높은 것이 많았습니다. 하지만 순장 등을 위한 별도 공간은 마련되어 있지 않았습니다. 무덤을 둘러싼 호석이 한 겹이 아니고 두 겹인 것도 독특합니다.

제32호분 북동쪽 가까이에 있는 제32NE-1호분에서 발견된 유물도 살펴볼 만합니다. 금귀걸이와 함께 발견된 은상감 고리자루큰칼이 그것입니다. 은실로 풀잎 모양을 새겨넣은 이 큰칼은 백제의 근초고왕이 일본 왕에게 내려준 칠지도와 비슷하다고 합니다. 대가야는 대체로 백제와 친했는데 백제 기술의 영향 아래 제작된 것으로 보입니다.

제32호분에서 출토된 금동관 복제품(국립김해박물관)

제34호분은 제32·33호분과 비슷한 5세기 중반에 만들어졌는데 앞서 5세기 초반에 조성된 제35호분과 표주박 모양으로 붙어 있습니다. 호석은 떨어져 있지만 봉토로 이어져 있는 대가야식 연접분의 전형이라 할 수 있겠습니다. 제32·33호분과 마찬가지로 제34·35호분도 두 주인공이 특별한 관계였을 것으로 여겨집니다.

봉분은 둘 다 지름 13m 정도로 거의 같습니다. 제34호분에서는 별도 순장 공간에서 철제 무기가 주로 나왔는데 호위무사 역할을 했던 인물이 순장되었을 것 같습니다. 반면 제35호분은 순장이나 부장을 위한 공간이 따로 마련되어 있지 않았습니다. 부장품에는 대형 토기가 많았으며 큰칼과 말갖춤, 미니어처 농기구와 미늘쇠가 함께 출토되었습니다.

제34호분의 남쪽에는 봉분을 높이 올려도 될 만한 평탄한 공터가 비교적 넓게 펼쳐져 있습니다. 그렇다면 이 공간은 어떤 자리였을까요? 아마도 제32~35호분의 주인공들을 위한 공동 제사터가 아니었을까 싶습니다. 이승과 결별하는 마지막 장례 의식으로 여러 가지 토기를 깨뜨려서 흩뿌린 것이 확인되면서 그런 짐작을 할 수 있게 된 것이지요.

순장이 가장 많은 제44호분

지산동고분군은 물론 대가야계 전체를 대표하는 고분이 제44호분입니다. 주산 줄기능선에서 조금 벗어나 비스듬한 비탈에 자리잡고 있습니다. 지름이 27m로 제5호분에 이어 두 번째로 큰 무덤인데 한반도에서 순장이 가장 많은 것으로 유명합니다. 다른 대형분들이 왕궁과 주거지가 있는 동쪽을 바라보는 것과 달리 지산동고분군이 뻗어나가는 남쪽을 바라보고 있는 것도 특별합니다.

제44호분은 내부 구조가 주인공 공간과 부장 공간, 순장 공간을 모두 갖추고 있는 전형적인 대가야 고분입니다. 그리고 규모와 개수가 다른 모든 고분을 압도하고 남을 정도로 크게 차이가 납니다. 다른 고분들은 부장 공간이 하나가 대부분인데 비해 제44호분은 4개

지산동 제44호분

이고, 그 가운데 2개는 부장품을 넣고도 사람 1명을 더 순장할 정도로 규모가 큽니다.

지산동고분군 하면 가장 대표적인 것이 순장입니다. 그중에서도 제44호분은 규모가 가히 압도적입니다. 다른 고분은 순장 공간이 많아도 열 개를 넘는 경우가 거의 없지만 제44호분은 28개나 됩니다. 대부분은 1인용이고 2인용도 4개가 있는데 그중 1개는 3명이 순장된 정황도 나타납니다.

그러다 보니 순장된 인원도 엄청납니다. 순장 공간에 32~33명, 부장 공간에 2명, 주인공 공간에 2명 이상 등 적어도 36명을 웃돌 정도니까요. 게다가 이 숫자는 최소한으로 계산한 것이라니 놀랍습니다. 학자에 따라서는 60명 넘게 보는 경우도 있습니다. 3살가량 아이도 있고 60대 노인도 있습니다. 8살 여자아이와 30대 중반 남자를 함께 순장한 공간도 있습니다.

한 사람의 죽음을 위해 이렇게 많은 희생을 감내해야 한다면 아무리 다음 세상을 믿는 내세관이 있었다 하더라도 거의 대량 학살 수준입니다. 동물까지도 권리를 보장해야 한다고 말하는 지금 시대를 살아가는 입장에서 보자면 이보다 더 끔찍한 제도가 있을까 싶지요.

빈 순장곽은 무슨 연유로?

많은 순장곽 가운데 아무것도 묻은 흔적이 없는 허곽도 두 군데에서 확인되었습니다. 특정 목적을 위해 일부러 비워두었을 수도 있고, 아니면 사람을 순장할 공간이었으나 나중에 어떤 이유로 그냥 비워놓은 것일 수도 있겠습니다.

만약 원래 순장 계획이 있었는데 그냥 비워두었다면 그 이유가 무엇일까도 궁금해집니다. 빽이나 뇌물이 작용한 것일까요? 아니면 어떤 합당한 사유에 따른 정상적인 의사결정을 통해 그렇게 비워두었을까요? 이유야 어떻든 다행히 그 자리에 들지 않을 수 있었던 사람을 생각하면 한편으로 안도를 느끼게 됩니다.

주인공 공간과 부장·순장 공간에서 나온 유물은 내용과 성격이 제각각 달랐습니다. 주인공 자리에서는 백제산 청동 사발과 일본

오키나와산 야광조개국자 같은 수입품과 함께 은장식 쇠창, 금동장식 말갖춤 장식품 그리고 덩이쇠와 살포 같은 귀중품이 많이 나왔습니다.

부장·순장 자리에서는 귀걸이, 고리자루큰칼, 청동방울, 재갈·발걸이 같은 말갖춤이 나왔는데요, 이는 그들이 저승에서도 이승에서와 마찬가지로 주인공을 수행하는 역할을 하는 존재였음을 알려줍니다. 무기는 호위무사, 말갖춤은 마부, 귀걸이는 시녀, 토기는 찬모 이런 식으로 짝을 이루고 있습니다.

제44호분의 조성 시기는 5세기 말이라고 합니다. 이는 서기 479년에 중국 남제로부터 보국장군 본국왕으로 책봉된 기록이 있는 가라 임금 하지의 활동 연대와 맞아떨어집니다. 이로 미루어 하지왕의 무덤일 가능성이 가장 큽니다. 또 하나는 우륵에게 가야금 12곡을 짓게 한 가실왕의 무덤일 수도 있습니다. 제44호분의 내부 모습과 구조는 대가야 왕릉전시관에서 실물 크기 그대로 만든 모형을 통해 손에 잡힐 듯 생생하게 살펴볼 수 있습니다.

제45호분은 제44호분의 왕비?

봉분 지름이 25m 남짓인 제45호분은 지산동고분군에서 세 번째로 큰 무덤입니다. 가장 큰 제5호분과 두 번째로 큰 제44호분 사이에 놓여 있습니다. 북쪽 위에 제5호분, 가운데 제45호분, 남쪽 아래에 제44호분이 자리를 잡고 있습니다. 주산에서 흘러내리는 줄기능

대가야박물관 왕릉전시관의 한가운데 주인공을 둘러싼 순장곽과 부장곽

선이 솟아오른 마루에 세워져 있어 경관도 제5·44호분 못지않게 뛰어납니다.

주인공 공간과 부장 공간에서는 신라산 은장식 삼엽문 고리자루 큰칼과 은장도, 갑옷·목가리개와 말갑옷, 금동관, 청동거울, 금동·은귀걸이, 목 꾸미개와 금동장식 말갖춤 등 화려한 유물이 많이 나왔습니다. 제44호분 바로 옆이라는 위치와 은장도 같은 출토 유물의 성격으로 미루어 왕릉급인 그 무덤과 짝을 이루는 왕비릉으로 여겨지고 있습니다.

순장 공간도 11군데에 이릅니다. 최소한 13명 이상이 순장됐는데 금·은귀걸이와 은장도가 토기와 함께 나와 순장된 인물들의 신분도 고위층이었음을 알려주고 있습니다. 이중 별도로 조성된 한 곳의 순장 공간에서는 쇠화살촉과 전투용 도끼 등 무기가 나왔는데 이는 순장자의 신분이 호위무사였다는 것을 말해줍니다.

불교 수용의 증거 고아리 벽화고분

고아리 벽화고분은 6세기 중후반에 만들어진 지름이 18m 남짓 되는 대형 무덤입니다. 내부 석실은 길이가 4m가량인데 그 바닥에 목관을 모셨던 관대 두 개가 나란히 놓여 있습니다. 왼쪽이 크고 오른쪽이 작아서 부부용으로 간주됩니다. 어느 한 사람을 먼저 묻고 나중에 다른 한 사람을 묻는 추가장이 이뤄졌던 것입니다.

내부 천정과 벽면에는 연꽃 그림이 가득 그려져 있습니다. 활짝 핀 여덟 장의 꽃잎이 두 겹으로 겹쳐져 감싸고 있는 연화문입니다. 갈색 줄기에 흰색과 분홍색으로 꽃송이를 표현하고 초록 점도 찍었는데 그 모습이 정교하고 아름답습니다. 1984년 마지막 조사 이후 보전을 위해 밀봉했기 때문에 지금은 실물을 볼 수 없어 아쉽지요.

고아리 벽화고분의 연화문은 전체 가야 권역에서 유일한 것으로 6세기 중·후반 무렵 대가야에 불교문화가 들어와 있었음을 알려주는 자료가 됩니다. 이밖에도 고령 쌍림면 송림리 가마터에서 꽃잎이 한 겹으로 이루어진 연화문 벽돌이 출토된 적이 있습니다.

마지막 왕릉급 고아2리 고분

벽화고분 바로 옆에는 비슷한 시기에 조성된 고아2리 고분이 있습니다. 대가천과 안림천이 합류하면서 이루는 회천 일대가 한눈에 내려다보이는 경관이 탁월한 자리이지요. 내부 공간 길이가 4.8m에 봉분 지름 24m로 가장 큰 편에 듭니다. 규모와 놓여진 위치로 보아 대가야의 마지막 왕릉급으로 짐작이 됩니다.

고아리 벽화고분과 고아2리 고분은 둘 다 백제계의 영향을 받았습니다. 고분의 주인공은 마지막 임금 도설지왕 또는 가야금을 만들고 우륵에게 작곡을 명령한 가실왕 부부가 유력하게 거론됩니다. 무덤이 조성된 시기가 두 임금이 활동한 때와 겹치고 두 임금 모두 친백제 성향이었기 때문에 그런 짐작이 가능합니다.

두 무덤이 있는 고아리고분군 일대는 지산동고분군과 아주 가깝지만 성격이 다른 별도 고분군으로 분류가 됩니다. 지산동고분군은 가장 먼저 만들어진 제73호분을 뺀 나머지 대형분은 모두 대가야계이고 6세기 전반부터 등장하기 시작한 일부 무덤은 신라계 형식입니다. 그런데 고아리고분군의 중심을 이루는 무덤은 모두 백제계입니다.

대가야 흙방울에 담긴 건국신화

2018년 지산동고분군에서 『삼국유사』 '가락국기'의 탄생설화 그림이 새겨진 흙방울이 출토되었습니다. 4~5세 어린아이가 묻힌 소형 석곽 제5-1호분에서였습니다. 5세기 후반에 조성된 이 무덤은 길이 1.65m, 너비 0.45m, 깊이 0.55m 정도 크기입니다. 소형토기 6점, 쇠낫 1점, 화살촉 3점, 굽은옥 1점 등도 발견되었는데, 어린아이의 치아와 두개골 조각도 함께 나왔습니다.

지름 5cm 흙방울에 새겨진 그림은 '가락국기'의 건국신화가 유물을 통해 나타난 최초이면서 유일한 사례입니다. 이를 통해 우리는 한반도 남부에 있었던 모든 가야 세력이 그 건국신화를 공유했다는 것을 새롭게 알게 되었습니다.

흙방울이 작은 만큼 거기에 그려진 그림 또한 매우 얇고 가늘어 맨눈으로는 구분하기 어려울 정도였습니다. 모두 여섯 장면으로 구성되어 있는데 우리 학계에서는 대체로 아래와 같이 보고 있습니다.

처음 그림은 우뚝 솟은 바위 형상을 하고 있습니다. 건국신화의 탄생 장소를 표현한 것이겠지요. 『삼국유사』의 '가락국기'에 나오는 김해 구지봉이 여기에 해당되는 것으로 이해하면 일단 적당할 것 같습니다.

둘째 그림은 거북의 형상을 하고 있습니다. 흙방울에 달린 고리를 머리로 삼고 방울 표면에 둥글게 선을 새긴 다음 그 안에 두 줄로 등껍질을 그려 넣었습니다. 거북은 고대 사회에서 신이나 하늘을 상징했다고 하지요.

셋째 그림은 머리에 관을 쓴 남자를 나타내고 있습니다. '가락국기'에서 찾으면 김수로왕을 맞이하는 구간 사회의 지도자들이라 할수 있습니다. 머리 윗부분에 새겨져 있는 세 가닥의 선은 머리에 쓰는 관을 표현한 것입니다.

네 번째 그림은 춤추는 사람의 모습입니다. 오른손은 긴 소매가 앞으로 꺾어지며 휘날리고, 왼손은 뒤로 돌아가는 모양새입니다. 다리 주변에 줄을 하나 그려 치마를 형상화하고 다리를 벌려서 춤추는 동작을 묘사하고 있습니다.

다섯 번째 그림은 위에서 내려오는 보자기를 엎드려 맞이하는 모습입니다. '가락국기'에도 보자기가 등장합니다. 왼쪽 무릎은 꿇고 오른쪽 무릎은 세운 채, 금으로 만든 그릇이 들어 있는 보자기를 받아들고 하늘을 우러러보며 두 팔을 위로 향한 장면이 나옵니다.

마지막 여섯 번째 그림은 금으로 만든 그릇이 들어 있는 보자기가 하늘을 상징하는 거북 머리(=고리)를 지나 줄 끝에 매달려 있는 모습입니다. 금으로 만든 그릇에서 여섯 개의 알이 나오고 가장 먼저 깨어난 수로왕이 가락국의 임금이 되고, 나머지 다섯도 다른 가야 세력의 임금이 된다는 것이 '가락국기'에 나오는 건국신화입니다.

흙방울에 표현된 인물들은 머리가 모두 생략되고 전체 모습도 단순하게 나타나 있습니다. 하지만 그들이 하는 행동이 무엇인지는 알기 쉽게 표현되어 있습니다. 그런데 알고 보면 흙방울 자체에도 큰 의미가 담겨 있습니다. 방울은 금으로 만든 그릇을 뜻하고 방울 속의 작은 구슬은 나중에 자라서 임금이 되는 알이기 때문입니다.

새 위계에 걸맞게 건국신화를 새롭게

대가야는 5세기 후반 이후 전체 가야를 대표하는 넘버원이었습니다. 전기 가야에서 넘버원이었던 가락국을 대체한 것입니다. 이에 걸맞게 대가야는 자신들의 독보적인 위상을 널리 표방하기 위하여 새로운 건국신화를 창출했습니다.

조선시대 지리서인 『신증동국여지승람』이 통일신라 말기 최치원이 쓴 '석이정전'을 인용·요약해 실었는데요, 수로왕이 등장하는 『삼국유사』의 '가락국기'에 견주면 아주 짧습니다.

"가야산 산신령 정견모주가 천신 이비가와 감응하여 대가야왕 뇌질주일과 금관국왕 뇌질청예를 낳았다. 형 주일은 이진아시왕의 별칭이고 동생 청예는 김수로왕의 별칭이다."

이 새로운 건국신화의 주무대는 당연히 김해 구지봉이 아니었습니다. 정견모주와 이비가가 운명적으로 만난 자리는 가야산의 상아덤으로 전해집니다. 그러므로 당대 대가야 사람들의 눈으로 보자면 흙방울에서 확인되는 첫 번째 그림의 우뚝 솟은 바위 형상은 김해 구지봉이 아니라 고령 상아덤이 됩니다.

여기서는 두 아들의 이름도 한 번 살펴볼 만합니다. 첫째는 붉은(朱) 해(日), 둘째는 새파란(靑) 후예(裔)입니다. 대가야를 붉게 떠오르는 태양에 견주고 가락국은 그 뒤를 따르는 존재로 삼았습니다. 그러면 나머지 가야는 어떻게 될까요? 전반기 가야 세력의 선두였던

가락국을 두 번째 자리에 두면서 나머지 가야는 자연스레 그 아래
에 놓이도록 하는 효과를 이 신화는 거두고 있습니다.

전라북도
남원시

유곡리와 두락리 고분군

전북 남원의 운봉고원은 높이가 해발 500m 안팎으로 운봉읍의 운봉분지와 인월면·아영면·산내면의 아영분지로 나뉘어집니다. 운봉분지에는 광천이 흐르고 아영분지에는 풍천이 흐릅니다. 이윽고 합류한 두 물줄기는 경남 함양으로 들어가며 남강 상류를 이룹니다. 전라도인데도 남강~낙동강 유역에 포함된다는 면에서 독특한 지역입니다. 운봉고원을 제외한 나머지 전라도는 죄다 섬진강이나 영산강 아니면 금강 유역에 들어가거든요.

운봉고원 일대는 1970년대만 해도 백제 또는 마한으로 여겨졌던 땅입니다. 하지만 이후 발굴에서 대가야 계열의 고분들이 잇달아 확인되었습니다. 규모도 소형은 제외하고 중대형만 31곳에 180기가량

남원 유곡리와 두락리 고분군

에 이를 정도로 적지 않습니다. 4세기 후반~6세기 중반 고령 대가야의 영향 아래 가야 세력을 이루었던 토착 집단의 실체입니다.

운봉고원의 가야 세력은 역사에서 어떤 이름으로 나타날까요? 아쉽게도 거의 나오지 않습니다. 『삼국사기』에서 보자면 '상·하기물(奇物)' 정도가 관련되었을 수 있는 전부입니다. 가실왕이 우륵을 시켜서 지은 가야금 12곡명 가운데 들어 있지요. 이밖에는 『일본서기』에 나오는 '기문국(己汶國)'이 있습니다. 전북 남원 운봉고원에 있었던 가야 세력에게 이름을 붙인다면, 여러 정황으로 보아 이런 정도가 맞겠다 하는 견해가 있습니다. 물론 아직 논란이 완전히 가라앉은 것은 아니지만요.

전라권 최초의 가야계 국가 사적

전라도에서 가장 대표적인 가야 유적은 유곡리와 두락리 고분군입니다. 동네 명칭은 2개지만 서로 딱 붙어 있습니다. 동쪽 인월면 유곡리와 서쪽 아영면 두락리에 걸쳐서 두 봉우리를 끼고 능선을 따라 늘어서 있습니다. 지금까지 40기 남짓이 확인됐지만 발굴을 기다리며 풀숲에 뒤덮여 있는 것은 훨씬 더 많습니다.

중심 연대는 5세기 중엽~6세기 초엽으로 대가야권역에서 보자면 합천 다라국의 옥전고분군과 충분히 견줄 만한 상위고분군입니다. 지름 20m 이상인 대형분은 14기인데 30m 이하가 열셋이고 30m 이상도 높은 자리 능선에 하나 있습니다. 나머지는 모두 20m

수풀에 덮여 있는 고분(위)과 한창 발굴 중인 고분

이하이며 지름 8m 안팎의 소형도 있습니다.

그런데 이 유적이 1973년 전라북도기념물로 지정될 때는 백제계나 마한계일 것이라고 대부분 사람들이 짐작을 했습니다. 하지만 1989년 발굴에서 대가야계로 밝혀졌고 이후 가야 고분군의 유네스코 세계문화유산 등재를 추진하는 과정에서 국가 사적으로 승격 지정되었습니다. 2018년입니다. 전라권 가야 유적에서 최초로 국가 사적이 탄생하는 순간이었습니다.

일대가 한눈에 내려다보이는 동시에 당시 주거지에서는 늘 올려다보이는 자리인 것은 다른 지역 가야 고분군들과 마찬가지입니다. 줄기능선이나 불쑥 튀어나오는 등 도드라진 지형에는 큰 고분이 들어서고, 그 둘레나 가지능선에는 작은 고분이 들어서는 것도 다른 가야들과 공유하는 특징입니다.

중국산 청동거울과 백제산 금동신발

유곡리와 두락리 고분군에서 제32호분은 동쪽 봉우리(해발 458m)와 서쪽 봉우리(해발 466m) 사이 능선에 있습니다. 지름 21m로 일곱 번째 큰 대형분인데 중국에서 수입한 청동거울인 수대경(獸帶鏡)과 백제에서 제작된 금동신발이 출토되어 크게 눈길을 끌었습니다. 수대경은 무덤 주인공의 머리께인 동쪽에 있었고 금동신발은 발치인 서쪽에서 발견됐습니다.

청동거울은 뒷면 한가운데의 둥근 손잡이를 중심으로 삼아 크고 작은 동심원을 둘렀습니다. 사이사이에 줄무늬를 넣은 가운데 자손이 번성하기를 바라는 '의자손(宜子孫)' 글자가 새겨져 있습니다. 동물(獸)을 돋을새김 무늬로 넣었는데 이 때문에 수대경이라는 이름을 얻었습니다.

이전까지 백제의 공주 무령왕릉이 유일했을 정도로 최고급 위세품입니다. 이 청동거울은 무령왕릉 출토품보다 30년 남짓 앞서는 5세기 후반 이른 시기에 만든 것으로 밝혀졌습니다. 좀 있다 나오는 같은 운봉고원의 월산리고분군에서 나온 계수호와 함께 이 가야세력이 중국과 직·간접으로 교류했음을 보여주는 유물입니다.

몸통에 마름모 무늬가 새겨진 금동신발에는 금동못과 장식 금붙이 조각도 함께 놓여 있었습니다. 백제산으로 4~6세기 가야·고구려·백제·신라와 왜에서 확인되는 최상위 위세품입니다. 가야 권역에서는 유일하게 발견된 이 금동신발은 백제가 선물로 주었을 것이라는 분석이 우세합니다.

제15호분에서는 은목걸이와 은구슬, 유리구슬, 탄목(炭木)구슬이 나왔습니다. 구슬들은 바닥에 흩어져 있었지만 무덤에 들어갈 때는 실에 꿰어져서 목걸이 모습을 하고 있었겠지요. 그리고 탄목은 탄화되면서 단단하게 굳어진 나무를 이릅니다. 납작하고 둥글게 깎은 다음 테두리에 금·은판을 감아서 구슬처럼 몸을 치장하는 데 사용했습니다. 백제의 운봉고원에 대한 영향력이 오랫동안 작용했음을 말해주는 백제계 유물입니다.

다른 가야의 여러 문물도

제32호분에서는 장식 말갖춤, 쇠창·회살촉 같은 무기, 갑주·투구 등 무기, 살포·낫·칼·도끼 등 농기구도 나왔습니다. 토기도 나왔는데 대가야계를 중심으로 함안 아라가야와 고성 고자국 등 여러 가야의 것들까지 포함되어 있어서 가야 토기 박물관을 방불케 한답니다.

이처럼 한 무덤에서 여러 다양한 문물이 공존하는 것은 운봉고원의 가야 세력이 여러 집단들과 독자적으로 교류할 수 있는 능력을 갖추었기 때문에 가능한 일입니다. 달리 말하면 대가야에 종속되어 있었거나 백제에게 일방적으로 휘둘리는 관계였다면 불가능한 것이었습니다.

그런데 한편으로는 이런 교류도 상대방이 무엇인가 얻을 수 있어야 성립됩니다. 주는 것이 있으면 받는 것이 있어야 합니다. 세상에 공짜는 없으니까요. 그런데 그게 아무 데서나 얻을 수 있는 흔하고 손만 뻗으면 잡을 수 있는 것이라면 아무도 멀리까지 애써 다니지 않았겠지요. 그렇다면 운봉고원의 가야 세력에게는 금동신발이나 수대경을 갖고 와서 물물교환을 해갈 만큼 대단한 물건이 있었다는 얘기인데, 그게 과연 무엇이었을까요?

활발한 교류의 원인은 풍부한 철 생산

운봉고원 일대는 33곳에 이를 정도로 제철유적이 많이 확인된 지역입니다. 가야를 두고 '철의 왕국'이라 하지만 이런 정도의 밀집도는 경남과 경북의 가야 권역에서는 찾아볼 수 없습니다. 견주어볼 만한 곳으로는 전북 장수군의 가야 세력에 장악되어 있었던 진안고원 정도뿐이라 할 수 있습니다.

철은 지금도 중요하지만 예전에는 훨씬 더 중요했습니다. 그 단단함과 날카로움을 대신할 수 있는 소재가 그때는 전무했습니다. 철의 보유 여부가 그 사회의 생산력과 군사력을 결정하였고 공동체의 운명까지 좌우했습니다. 백제와 대가야를 비롯한 여러 가야 세력들이 운봉고원과 활발하게 교섭을 벌였던 까닭입니다. 신라 역시 호시탐탐 운봉고원을 노리고 결국은 침탈했는데 그 연유도 마찬가지였습니다.

남쪽 하점골과 서남쪽 봉산골, 서쪽 심원계곡, 북쪽 언양골, 동북쪽 외얏골 일대 25km에 걸친 산내면 노고단~삼봉산 덕동리의 달궁계곡 주변으로 제철유적이 많습니다. 규모가 가장 큰 것은 옥계동 제철유적(운봉읍 화수리)으로 제련로·단야로와 석축시설 등이 발견되었습니다. 세걸산 서쪽 계곡 금새암골 등 덕두산에서 고리봉으로 이어지는 여러 계곡에서도 확인되었습니다.

남원 정령치 선유폭포 부근의 주천면 고기리 제철유적은 제철 과정에서 발생한 철찌꺼기가 1.5km에 퍼져 있을 만큼 많이 남아 있습니다. 산동면 일대에서도 20군데 남짓 제철유적이 파악됐습니다. 운봉고원 바깥이기는 하지만, 이또한 여기에 터잡고 살았던 가야 세력의 영역이었습니다.

철을 지키기 위한 여기 가야 세력의 노력도 대단했습니다. 운봉고원을 휘감은 산줄기 고갯마루 양쪽에는 방어를 위한 봉수유적이 집중되어 있습니다. 모두 40곳 정도가 확인되었는데 외적의 침입을 막고 제철유적을 지키면서 교통로도 확보하기 위한 것이었습니다.

여러 우여곡절이 담긴 제36호분

운봉고원의 가야 세력은 4세기 후반에 등장했는데요, 5세기 중엽 늦은 시기와 6세기 전반 이른 시기에는 백제로 기울어졌던 적이 있습니다. 그러다 6세기 중반에 이르러 신라로 편입되고 말았습니다. 554년의 관산성 전투가 결정적이었습니다. 지금의 충북 옥천에서 벌어진 이 전투에서 신라가 백제에 완승하면서 운봉고원은 신라에 넘어가고 말았습니다.

이런 우여곡절이 반영되어 있는 고분이 하나 있습니다. 6세기 전반 이른 시기에 조성된 제36호분입니다. 가장자리에 호석을 두르지 않은 겉모습은 마한계의 전통을 이어받은 운봉고원 가야 세력 고유의 양식이라 합니다.

하지만 내부 공간은 백제식으로 바뀌어져 있었습니다. 운봉고원이 백제의 영향력 아래 들어갔음을 보여주는 지표입니다. 가야식인 석곽이 아니라 백제식인 석실이었습니다. 석곽은 한 번 묻으면 그것으로 끝이지만 석실은 나중에 다시 열고 더 묻는 것이 가능했습니다.

발굴을 했더니 석실 바닥에 3~4명분의 유골이 뒤섞여 있었습니다. 원래는 1~2명이었는데 추가로 더 묻었던 것입니다. 신라 토기가 함께 출토되었는데 제작 연대가 6세기 초·중반이었습니다. 추가장을 하면서 들어간 이 토기는 6세기 중반의 어느 시기에 운봉고원이 신라의 영역이 되었음을 알려주는 유물입니다.

전라권 가야가 처음 확인된 월산리고분군

월산리고분군은 전라권에도 가야 세력이 존재했음이 처음 확인된 자리입니다. 유곡리와 두락리 고분군과 마찬가지로 운봉고원의 대가야계 상위고분군입니다. 두 고분군 사이에는 남강 상류를 이루는 풍천이 흐릅니다. 유곡리와 두락리 고분군은 동쪽에 있고 그보다 조성 시기가 앞서는 월산리는 1.5km가량 서쪽에 있습니다.

40년 전 88올림픽고속도로(지금 광주대구고속도로) 건설 과정에서 15기가 확인되었습니다. 마한계 아니면 백제계로 여겨졌지만 발굴 결과 가야계로 확인되었습니다. 5세기 중반에 조성된 M1-A호분에 서였습니다. 봉분 지름 20m가량에 주인공을 모시는 내부 공간이 8.6m 규모로 월산리고분군에서 가장 높은 자리에 있었습니다.

여기서 나온 말갖춤과 쇠갑옷, 낫과 도끼 같은 미니어처 농기구 등은 대가야 계통이었습니다. 토기에서도 자체 제작과 소가야(고자

國) 계열도 있었지만 대가야 색채가 뚜렷한 것들도 여럿 확인되었습니다. 경남과 경북으로 한정되어 있던 가야의 영역이 전북 동부로까지 확장되었음을 알려주는 유적입니다.

몸통은 사라지고 둥근 고리와 자루만 남은 고리자루큰칼도 발견되었습니다. 금실로 꽃무늬를 새기고 은실로 거북등무늬를 새긴 백제계입니다. 그래서 백제에서 선물한 위세품으로 간주되지만, 제작 기술을 배워서 자체 생산했다고 보는 시각도 있습니다.

온전하게 출토된 중국산 제품들

봉분은 상대적으로 작지만 주인공을 모시는 내부 공간의 길이가 9.6m로 가장 큰 M5호분에서는 이보다 더 놀라운 유물이 나왔습니다. 청자 계수호(鷄首壺)와 철제 초두(鐎斗)가 그것입니다. 우리말로는 꼭지가 닭머리 모양인 청자 주전자와 쇠로 만든 세 다리 자루 솥입니다.

둘 다 중국산으로 한반도에서는 주로 왕릉급에서 발견되는 수준 높은 작품인데 가야권에서는 월산리의 이 출토가 유일한 것입니다. 여태까지 계수호는 백제권에서만 나왔고 초두는 백제·신라·고구려에서 모두 나왔습니다. 백제가 들여와 선물했다는 것이 다수 의견이지만 독자적으로 중국과 교섭한 결과로 보는 견해도 만만찮게 있습니다.

갑옷·투구 같은 무구(武具), 기꽂이·발걸이·재갈 등 말갖춤, 손

닭머리 모양 꼭지 청자 주전자(위)와 쇠로 만든 세 다리 자루솥 ⓒ국립전주박물관

칼·화살촉 같은 무기, 도끼·낫 등 농기구들도 발굴되었습니다. 토기들과 마찬가지로 대가야 색채를 띠고 있습니다. 이와 함께 몸을 꾸미는 유리구슬과 금귀걸이도 발굴되었습니다.

화려한 유물에 비해 M5·M6호분 2기만 남아 있는 현장은 초라해 보입니다. 하나는 봉분 위쪽이 가로로 깎여 있고 다른 하나는 절반가량이 세로로 잘려진 채로입니다. 동쪽에 있던 M7~9호분은 이후 경지정리를 하면서 시나브로 사라졌습니다.

전라권 가야 세력이 최초로 확인된 역사적인 현장 M1-A호분은 고속도로 아래로 들어가 흔적도 없습니다. 그와 더불어 남서쪽에 같이 있었던 M1-B~G호분과 M2~4호분도 고속도로에 포함되고 말았습니다. 안타깝고 아쉬운 역사의 현장입니다.

운봉고원 최초의 대가야계 고분은

월산리고분군에서 남서쪽으로 500m가량 떨어진 자리에는 청계리고분군이 있습니다. 눈에 띄는 5기 가운데 제1호분만 발굴되었는데, 운봉고원에 세워진 최초의 대가야계 고분으로 지름 32m에 이르는 전북 동부에서는 최대 규모입니다.

이 고분은 별나게도 주인공을 모시는 공간이 두 군데 있습니다. 5세기 중엽 이른 시기에 조성된 공간은 아라가야의 수레바퀴장식토기가 출토된 것이 눈길을 끕니다. 다른 토기와 철기는 대가야계가 우세한 가운데 동래 복천동고분군, 합천 다라국, 자체 제작

청계리고분군

등도 나왔습니다.

5세기 중엽 늦은 시기에 조성된 또다른 주인공 공간에서는 보기 드물게 나무빗이 나왔는데 김해 가락국을 통해 들어온 왜계 문물일 가능성이 있다고 짐작합니다. 토기와 철기는 앞선 시기와 비슷하지만 대가야 색채가 한층 짙어져 있고 고성 고자국이 두드러져 있어서 눈길을 끌었습니다.

다른 고분들은 발굴되지 않아 단정하긴 어렵지만 제1호분만 놓고 보면 청계리고분군의 주인공은 처음에는 여러 다양한 가야 세력과 고루 교류했으나 나중에는 그 대상이 대가야로 단순해지는 가운데 고성 고자국의 비중이 늘어났다고 보면 대체로 맞다고 합니다.

바뀐 양식과 바뀌지 않은 양식

운봉고원에서 대가야계 고분이 들어선 순서는 청계리~월산리~유곡리와 두락리입니다. 청계리와 월산리를 두고는 동일한 성격의 고분군으로 보는 시각이 많습니다. 운봉고원에는 가야계 고분이 이 밖에도 건지리·봉대리고분군(아영분지)과 임리·행정리·북천리고분군(운봉분지)이 더 있습니다.

그렇다면 청계리·월산리고분군은 누가 지었는지, 뒤에 나오는 유곡리와 두락리 고분군의 주인공과 어떤 관계인지도 궁금해집니다. 거리가 서로 가까운 것으로 보아 동일한 성격의 집단이 순차적으로 옮겨갔다고 여기는 시각이 많습니다.

그렇다면 이들은 이전부터 운봉고원에 살던 사람일까요, 아니면 새로운 문물을 갖추고 이주해온 사람들일까요? 이에 대해서는 아직 분명한 실마리가 나온 것은 아니라고 합니다. 하지만 다른 가야 지역에서 진출한 집단으로 보기보다는 마한에 뿌리를 둔 토착 집단으로 간주하는 견해가 좀더 우세한 것은 사실입니다.

그렇게 보는 근거는 두 가지 정도인 것 같습니다. 하나는 운봉고원에도 가야 이전 시기에 해당하는 마한계 유물·유적이 있다는 것이고 다른 하나는 이곳 가야계 무덤에서 자체 제작한 유물이 발견된다는 것입니다. 대가야가 팽창하던 시기에 그 영향을 받아 마한계 주민들이 대가야권의 일부가 되었다는 거지요.

그래서 운봉고원의 가야계 고분들에는 마한계 양식을 그대로 간직한 자취도 있고 가야식으로 바뀐 모습도 있습니다. 먼저 바뀐 것을 보면 무덤의 위치와 내부 구조입니다. 내부 구조는 복잡해서 헷갈리기 쉬우니까 생략하고 위치만 보겠습니다. 가야 무덤은 대체로 능선을 타고 있습니다. 반면 마한계는 산비탈 아래쪽 기슭이나 평지에 들어섰습니다.

운봉고원의 가야 무덤은 처음에는 산기슭에 만들어지다가 나중에 능선으로 올라섭니다. 이를테면 월산리는 산비탈 아래쪽과 평지에 있고 유곡리와 두락리는 줄기능선과 가지능선 위에 늘어서 있습니다. (청계리는 1기만 발굴된 상태라 무어라 말하기 어렵습니다.) 사후 안식처가 월산리에서 유곡리와 두락리로 옮겨진 이후 대가야 등 가야 세력과 더욱 강하게 결속했기 때문이 아닐까 싶습니다.

그대로 유지된 양식은 봉분에 호석을 두르지 않은 것입니다. 월산리도 그렇고 유곡리와 두락리도 그렇습니다. 운봉고원과 가까운 가야권도 호석을 갖추지 않았습니다. 전북 장수군의 동촌·삼봉리, 경남 함양군의 상백·백천리, 경남 산청군의 생초·중촌리 등입니다. 장수는 백두대간을 넘으면 지척이고 함양과 산청은 남강 물길로 이어집니다. 따라서 일대는 동일한 생활문화권이었을 것으로 짐작됩니다. 반면 대가야를 비롯한 다른 가야들은 대부분 호석을 설치했습니다.

바뀌지 않은 것은 무덤 내부에도 있었습니다. 유곡리와 두락리의 제32호분에서 나온 말머리뼈가 그것입니다. 다른 부위의 뼈가 없는 것을 보면 한 마리를 통째 사용한 것은 아니었습니다. 주인공을 동~서 방향으로 모셔 놓고 봉분을 쌓기 전에 말머리를 제물로 삼아 제사를 지낸 흔적입니다.

이런 장례 풍습은 『삼국지』 '위서 동이전'에 따르면 마한에 있었습니다. "마한 사람들은 소나 말을 탈 줄 모르고 소나 말은 장사 치르는 데 다 쓴다"라고 적었습니다. 운봉고원의 토착세력은 마한에서 가야로 넘어가면서 고분의 위치는 산비탈에서 능선으로 바꾸었지만 말을 제물로 바치는 풍습을 비롯한 나머지는 그대로 이어갔습니다.

전라북도
장수군

백두대간 서쪽의 유일한 가야 세력

대가야계 고분군은 전북 남원의 운봉고원 말고 장수군의 진안고원에서도 확인이 되었습니다. 여기에서 확인된 가야계 중대형 고분은 240기를 웃돕니다. 남원에서 확인된 180기보다 많습니다. 시기적으로는 4세기 말엽~6세기 중엽에 해당됩니다.

재미있는 것은 진안고원이 백두대간의 서쪽이라는 사실입니다. 남원의 운봉고원은 같은 전북이라도 백두대간을 기준으로 보면 그 동쪽에 있습니다. 대가야를 비롯한 여러 가야가 있었던 경상도에서 보자면 가야 세력이 백두대간을 넘어 이주·진출한 유일한 지역이라고 할 수 있습니다.

그래서인지 이 지역 가야 고분들은 남원의 운봉고원과도 구분되는 점이 있습니다. 출토되는 유물이 대가야 색채를 뚜렷하게 띠거나 자체 제작된 것도 있는 것은 마찬가지이지만, 백제 토기가 함께하는 것이 독특합니다. 반면 다른 가야 집단의 유물은 많이 나오지 않았는데 그렇다면 그들과의 교류·교섭이 적거나 없었다는 얘기가 됩니다.

남원 운봉고원의 가야 세력은 대가야나 백제 말고 다른 가야들과도 활발하게 교류를 했던 반면에, 장수 진안고원 가야 세력이 벌였던 교류·교섭의 대상은 주로 백제와 대가야였다고 짐작해 볼 수 있습니다. 이것은 진안고원 가야 세력의 특징으로 꼽을 수 있겠습니다.

이런 차이는 그들의 계통에 대한 궁금증으로 이어집니다. 아직 논의가 많이 진척된 상태는 아니지만 계통이 다르다고 보는 경향이 우세한 것 같습니다. 남원 운봉고원은 토착집단일 가능성이 높고 장수 진안고원은 대가야에서 직접 진출한 집단일 가능성이 높다는 얘기입니다.

장수 동촌리고분군

동촌리고분군의 말편자

장수군의 진안고원은 장수읍 중심의 장수분지와 장계면 중심의 장계분지로 나뉩니다. 장수분지의 한가운데 장수읍 동촌리에는 마봉산 정상에서 서북쪽으로 뻗은 산줄기가 내려앉아 있습니다. 그 굽이치는 줄기능선과 가지능선을 따라 지름 20~30m 정도 되는 중대형 고분들이 늘어서 있는데 장수에서 가장 큰 규모입니다.

이 동촌리고분군은 2019년 전라권 가야 유적 가운데 두 번째로 국가 사적으로 지정되었습니다. 앞서 2018년 사상 최초로 국가 사적에 지정된 남원 운봉고원의 유곡리와 두락리 고분군은 40기 정도입니다. 그런데 여기에서는 그 곱절을 넘는 83기가 조사되었습니다. 그만큼 오랫동안 일정한 세력을 이루며 존속했다는 의미이지요.

2015년에 발굴했더니 말편자가 말뼈와 함께 출토되었습니다. 징이 박혀 있는 상태였는데 가야계 고분에서는 최초라고 합니다. 쇠로 만든 말편자는 장수의 가야 세력이 철의 생산과 가공에 필요한 첨단 기술을 보유하고 있었음을 말해줍니다. 앞뒤로 이루어진 다른 발굴에서는 금·은 귀걸이와 고리자루큰칼이 대가야계·자체 제작 토기와 함께 나왔습니다.

장계분지 가야 고분의 집게·망치·모루

장계분지에서는 장계면 삼봉리 백화산 기슭에 있는 삼봉리고분군이 가장 규모가 큽니다. 하지만 가서 보면 모두 합해 4기밖에 눈

잘 가꾸어진 삼봉리고분군

에 띄지 않아서 고분군이라 하기에는 조금 민망하기는 합니다. 하지만 우거진 수풀에 형체가 가려진 봉분은 지금도 적지 않게 보입니다. 또 도굴과 민묘 조성으로 훼손되기 전에는 40기 안팎을 볼 수 있었다고 합니다.

발굴은 지난해 처음 이루어졌습니다. 2022년 10월 가야 고분이 15기가 확인되었는데 항아리와 그릇 등 토기와 함께 화살촉과 금귀걸이가 나왔습니다. 그런데 뜻밖에 고려 석실 무덤이 도굴되지 않은 상태로 함께 발견되었는데 최고 수준의 청자가 여러 가지 나왔다니 이 또한 재미있는 일입니다.

삼봉리고분군이 자리 잡은 백화산 자락에는 장계면 장계리고분군과 계남면 호덕리고분군도 함께 놓여 있습니다. 계통과 성격이 동일한 것으로 짐작되는데요, 각각 20기 남짓과 40기 남짓으로 모두 더하면 100기를 웃돕니다. 이 가운데 장계리 제8호분에서는 집게·망치·모루가 한 벌로 출토되어 눈길을 끌었습니다. 철을 달구고 불리고 야물게 하는 데 쓰이는 제련 관련 유물이기 때문이었습니다.

여태까지 가야 고분 발굴은 경상권을 중심으로 이루어져 왔습니다. 경상도 바깥에도 가야 고분이 있다는 사실을 제대로 알지 못했던 것이 가장 큰 이유라 할 수 있습니다. 그런데 지금은 남원과 장수를 중심으로 전북권에서도 고분을 비롯한 가야 유적이 잇달아 확인되고 있습니다. 앞으로 발굴과 연구가 진행되면 전라권의 가야역사도 더욱 풍성해지고 가야 전체의 역사 또한 더불어 온전해지지 않을까 기대를 하게 됩니다.

운봉고원보다 많은 제철유적

장수군에 있는 제철유적은 확인된 것만 70곳을 웃돈다고 합니다. 운봉고원이 있는 남원의 갑절에 가깝습니다. 경남이나 경북에서는 감히 견주어 볼 엄두조차 내기 어려울 정도로 많은 숫자입니다. 그쪽 가야권에는 손가락 열 개도 겨우 채울 수 있을 만큼 제철유적이 드문 데 견주면 남원과 장수의 제철유적은 그 밀집도가 엄청나게 높다고 할 수 있습니다.

장계면 명덕리에 있는 대적골 제철유적은 장수군을 대표하는 유적입니다. 규모도 길이 2km 정도로 아주 큰 편이고 시설 또한 채석장, 제련로, 단야로, 용범가마, 숯가마, 건물터 등 제철·제련에 필요

대적골 제철유적(장계면 명덕리 4-14) 발굴 모습 ⓒ장수군청

대적골 제철유적에 쌓여 있는 철찌꺼기 ⓒ장수군청

한 것을 고루 갖추고 있습니다.

제철유적은 지지계곡·토옥동·국포리·비룡리·교동리 등에서도 발견되었습니다. 현재 전북 동부에서 확인되는 제철유적은 170군데 가량입니다. 남원과 장수를 모두 포함하는 이 숫자는 앞으로 조사와 연구가 진행되면 더욱 늘어날 것이 확실합니다.

봉수의 종착지는 장계분지

전북 동부에서 발견된 고대 봉수 시설은 장수 지역에 살았던 가야 사람이 운영한 것입니다. 가야계 유적이 발견된 지대에 설치되어 있고, 제철유적이 밀집된 지역을 통과한다는 공통점이 있습니다. 이로 미루어 봉수는 장수로 진출한 가야 세력이 백제의 동향을 살피는 한편 제철유적을 지키고 교통로를 확보하기 위해 설치했을 것으로 짐작이 됩니다.

옛날 사람들은 봉수 자리에서도 먹고 자고 일했습니다. 그러다보니 거기에는 그들이 쓰던 유물도 있기 마련인데 이는 봉수를 누가 운영했는지를 밝혀주는 단서가 됩니다. 살펴봤더니 장수군의 가야계 무덤에서 출토된 것들과 같았습니다. 이것으로 봉수를 운영했던 사람들의 실체를 좀 더 정확하게 알 수 있게 되었습니다.

현재 봉수 유적은 충남 금산군과 전북 완주·무주·진안·임실·순창·장수군과 남원시 등 8개 지역에서 모두 230곳 정도가 발견된 상태입니다. 이렇게 편제된 봉수들의 마지막 종착지는 장계분지로

오성리 봉수유적(산서면 오성리 산1-2)의 봉수대 ⓒ장수군청

확인되었습니다.

전북 동부의 봉수 유적은 제철유적과 마찬가지로 아직 그 실체가 제대로 밝혀진 상태는 아니라고 합니다. 하지만 그 규모는 지금 보아도 놀라울 정도입니다. 당대 최고 수준의 밀집도를 자랑하는 통신망이 진안고원에서 구현되었습니다. 백두대간 자락의 장계분지에서 산악과 들판과 하천과 바다를 향해 줄줄이 펼쳐진 봉수망이 봉수대의 흔적을 따라 그려집니다.

그런데 이 봉수가 여기 있었던 가야 세력의 이름이 무엇이었을지

가늠해보는 데에도 중요한 시사점을 제공하고 있습니다. 지금 장수 군에서는 이 장수 가야의 국명을 '반파(伴跛)'라고 지칭하면서 그 근거를 봉수 유적에서 찾고 있습니다. 『일본서기』에서 반파는 513~515년에 기문(남원)과 대사(섬진강 하류)를 두고 백제와 다투는 과정에서 "봉수를 두었다"고 되어 있습니다.

지금 가야권에서 봉수 유적이 확인되는 것은 장수의 장계분지를 중심으로 하는 전북 동부 일대가 유일합니다. 그러니 장수 가야가 『일본서기』에 나오는 바로 그 반파라는 주장입니다. 제법 설득력이 강한 얘기입니다. 하지만 지금까지는 반파를 대가야로 보는 것이 정설이었으므로 가부간에 결론이 나기까지는 적지 않은 시일이 걸리지 않을까 예상됩니다.

전북 동부 가야의 자율성은 얼마나?

남원의 유곡리와 두락리 고분군, 장수의 동촌·삼봉리고분군은 옥전고분군의 합천 다라국과 더불어 대가야 세력권으로 폭넓게 인정되고 있습니다. 무엇보다 출토 유물에서 대가야 계통이 대부분 우위를 나타내는 것으로 보아 크게 틀리지는 않을 것 같습니다.

그렇다면 이들에게 주어진 자율성이나 독자성은 어느 정도였는지 궁금해집니다. 1500년 전 사정을 알 수 있는 관련 기록이 없으니 정확한 확인은 불가능하지만 그래도 이래저래 짐작해 볼 만한 근거가 아주 없는 것은 아닙니다.

대가야 세력권에서는 고분 출토 유물이 대가야 일색으로 바뀌면 무덤은 조성이 중단되거나 규모가 확연하게 작아진다고 합니다. 그만큼 대가야의 지배가 강해진 것이고 그에 따라 부의 축적에도 당연히 제약이 가해졌기 때문일 것입니다. 그렇지만 전북 동부는 대가야 색채가 짙어져도 앞선 시기와 비슷한 규모로 무덤을 계속 조성한 사실이 확인됩니다. 합천 다라국의 옥전고분군에서도 나타나는 사실인데 그들이 누렸던 독자성과 자율성의 크기를 짐작할 수 있는 근거가 됩니다.

그리고 금동신발·수대경·청자 계수호·철제 초두 같은 (최)고급 위세품의 존재도 이와 같은 짐작을 가능하게 해 줍니다. 이처럼 품격 높은 유물들은 백제에서 선물했거나 중국과 직접 교류한 결과물로 간주됩니다. 대가야의 지배력이 압도적이었다면 이런 거래가 불가능했을 테니까요.

게다가 금동신발을 제외한 나머지는 대가야의 본진인 지산동고분군에서도 아직 나오지 않았습니다. 이런 위세품을 대가야 눈치 보지 않고 거래할 만큼은 독자적·자주적이었다고 보면 맞을 것 같습니다.

경상남도
합천군

옥전고분군

이주민이 주인이 되다, 옥전고분군

합천 옥전고분군은 낙동강의 지류인 황강이 휘감아도는 쌍책면 성산마을의 나지막한 산기슭에 능선을 따라 조성돼 있습니다. 봉분이 남아 있지 않은 무덤부터 거대한 봉토분까지 200기 남짓으로 이루어진 대규모 고분군입니다. 다라국을 다스리던 지배계층을 중심으로 조성된 묘역인데 왕릉급 고분은 5세기 초반~6세기 초반에 들어선 것입니다.

이곳에 처음 무덤이 들어서기 시작한 것은 그보다 훨씬 이른 기원전 1세기 즈음이었습니다. 이 무렵의 무덤은 규모나 유물이 보잘

것이 없었습니다. 권력의 형성과 계층의 분화를 보여주는 최초의 무덤은 4세기 후반에 나타나게 됩니다. 그때도 확실하게 구별될 정도는 아니었고 같은 집단 내에서 조금 우월한 정도의 무덤이었습니다.

그러다가 다라국이 본격적으로 커지기 시작하는 5세기 초반이 되면 앞 시기와 뚜렷하게 구분되는 고분이 등장하게 됩니다. 무덤의 내부 구조와 규모, 그리고 유물의 내용이 이전과는 확연하게 달라진 것입니다. 실생활용 말갖춤과 장식용 말갖춤, 금동 고깔모자와 금귀걸이 같은 금동제 공예품 등 기마용 문물과 화려한 장신구가 출토되기 시작합니다.

이런 유물들은 앞선 시기에서는 볼 수 없는 것들이었습니다. 4세기까지 그 일대에서 살았던 이들의 문물과는 성격이 완전히 달랐습니다. 5세기 초반이면 고구려 광개토왕이 가락국을 공략한 직후입니다. 그때 한반도 남부는 극심한 정세 변동을 겪어야 했습니다. 그런 와중에 다른 지역에 살다가 이곳으로 들어온 이주민들이 다라국을 성립시켰습니다.

물론 다른 견해도 있습니다. 이곳에서 처음부터 살면서 보잘것없는 무덤을 조성한 사람들이 우여곡절을 거치면서 대단한 고분군을 형성하게 되었다고 보는 것입니다. 이 경우 그 고분군은 그들의 정치·경제적인 성장을 보여주는 것이 됩니다. 이밖에 새로 유입된 이주민과 기존 세력이 서로 어우러져 만들어낸 것이라는 가정도 해 볼 수 있지 않을까요.

신라계와 백제식은 무슨 이유로?

5세기 중후반에는 무덤이 대형급으로 커지면서 함께 묻었던 유물은 신라계와 비화가야계가 대부분이던 것이 대가야계 일색으로 바뀌면서 분량은 더욱 풍부해집니다. 5세기 후반에는 봉분이 초대형 왕릉급으로 더욱 커졌고 6세기 초반에 들어서면 유물까지 더욱 다양하고 풍부해집니다. 전성기를 맞이한 것이지요.

그러다 6세기 중반에는 고분의 내부 구조가 갑자기 신라식으로 바뀝니다. 갑옷과 투구를 비롯한 무장 도구는 사라진 대신 금동제 왕관이나 금귀걸이 등 장신구가 화려해집니다. 백제의 진출을 막기 위해 대가야가 신라와 맺었던 결혼동맹(522~529년)과 겹치는 시기입니다. 대가야의 영향력이 그대로 유지되는 가운데 신라의 영향력이 다시 커졌다는 것을 알 수 있는 대목입니다.

그런데 6세기 중후반에 지어진 최후의 왕릉급 고분은 아이러니하게도 출토된 유물과 내부 구조가 모두 백제계였습니다. 무덤에서 보이는 백제의 짙은 색채는 당시 한반도 남부의 급격한 정세 변화와 무관하지 않았습니다.

다라국은 541년과 544년에 백제 수도 사비에서 두 차례 개최된 임나부흥회의에 모두 참석을 했습니다. 백제가 가야를 자기편으로 줄 세우기 위해 신라가 빼앗아간 낙동강 일대의 가야 세 나라를 되찾아 주겠다는 빌미로 소집한 것이었지요. 결과는 백제가 가야를 농락하는 수준이었는데 이는 백제의 압도적인 영향력에서 결코 자유로울 수 없었던 당시 다라국의 실상을 잘 보여주고 있습니다.

구슬이 지천으로 널린 구슬밭

옥전고분군의 가장 큰 특징은 규모는 다른 가야고분군에 비해 작은 편이지만 출토된 유물은 훨씬 다양하고 화려하고 풍부하다는 것을 꼽을 수 있습니다. 말머리가리개와 말갑옷, 말띠드리개를 비롯한 장식용 말갖춤, 금동제 왕관과 금귀걸이 등이 그것이지요.

고대 서양의 지중해 연안에서 만들어진 로만글라스도 나왔습니다. 한반도에서 신라의 경주를 벗어난 지역에서 완전한 형태로 발견된 것은 다라국이 유일합니다. 비단길을 타고 신라의 경주를 거쳐 들어온 것으로 짐작됩니다.

목걸이를 만드는 옥구슬도 한 고분에서 2000개 넘게 나올 정도로 많이 출토되었습니다. 마을 사람들은 옛날에는 밭에서 호미질을

로만글라스(국립중앙박물관)

살포(국립김해박물관)

하다 보면 이런 구슬을 그냥 주울 수 있었다고 할 정도이니 옥전이라는 이름 그대로 구슬밭이었던 거지요.

구슬이나 금속 장신구만 많이 나온 게 아니라 그것을 제작했던 생산도구도 같이 나왔습니다. 구슬을 갈아 만드는 숫돌과, 금속 재질을 담금질하거나 모양을 만드는 데 썼던 망치와 집게 등이 함께 발굴이 되었습니다. 이는 옥전고분군을 조성한 다라국 사람들이 구슬과 금속을 능숙하게 다룰 줄 알았다는 사실을 보여줍니다.

이밖에 눈에 띄는 것으로는 5세기 후반 전성기의 왕릉급 무덤에서 출토된 쇠자루 살포를 들 수 있습니다. 주인공이 누워 있는 오른편에 1m가 조금 넘는 살포가 놓여 있었는데 살포는 논에 물꼬를 트거나 닫을 때 썼던 논농사에 필수 농기구였습니다.

옛날에는 물을 관리하고 논에 물 대는 순서를 정하는 것이 당시 지도자에게 주어진 가장 중요한 역할 가운데 하나였습니다. 왕릉급 고분의 주인공 옆에 놓여 있는 살포를 통해 물을 관장하는 권한을 갖고 논농사를 독려하던 지도자의 모습이 선명하게 그려집니다.

작지만 다채로운 합천박물관

합천박물관에는 옥전고분군에서 발굴된 유물들이 전시되어 있습니다. 옥전이라는 이름에 걸맞게 옥구슬·흙구슬과 목걸이 등 다양한 장신구들을 살펴볼 만합니다. 요즘 제품들과 견주어도 뒤지지 않을 만큼 아름답고 세련되고 정교해서 놀라게 됩니다.

옥전고분군에서 출토된 일곱 자루의 장식 고리자루큰칼도 빠뜨리면 안 되는 유물입니다. 고리자루큰칼은 손잡이에 둥근 고리가 달려 있는데 한 무덤에서만 네 자루가 출토된 것은 전체 가야권에서 옥전고분군이 유일합니다. 그중에서도 용과 봉황의 머리를 금과 은으로 새겨넣은 용봉무늬 고리자루큰칼은 최고 권력자만 가질 수 있는 위세품이었습니다. 박물관 입구 분수대에 상징적으로 세워져 있는 것이 바로 이 칼의 고리 달린 자루 부분입니다.

그런데 아쉽게도 대부분이 복제품입니다. 진품은 서울 국립중앙박물관, 국립김해박물관, 국립진주박물관과 경상국립대학교박물관 등에 보관되어 있습니다. 옥전고분군은 세계적으로 보기 드문 로만글라스가 나온 것으로도 유명한데 이 또한 합천박물관에 있는 것은 복제품이고 진품은 국립중앙박물관에 가야 볼 수 있습니다.

살기 좋았던 자리, 성산토성

성산토성은 다라국의 왕성 자리로 옥전고분군과 짝을 이루는 유적입니다. 쌍책면 소재지인 성산마을에 있어서 성산토성이라 불리지요. 토성은 황강이 휘감아 두르는 강변과 그에 가까운 구릉을 둘러싸고 있습니다. 이곳은 다라국 사람들의 생활 터전이었고 그보다 조금 높은 북쪽 구릉의 옥전고분군은 다라국 지배계층의 집단 묘역이었습니다.

성산마을은 지금도 제법 크게 마을을 이루고 있지만 옛날 가야 시대에는 더 많은 사람들이 모여 살았던 다라국의 도읍이었습니다. 옥전고분군에서 봉분이 봉긋한 5~6세기 고분뿐만 아니라 기원 전후 시기의 무덤도 나타나듯이 성산토성에서도 기원 전후 또는 그보다 이른 시기에 사람이 살았던 흔적이 나타났습니다. 4~6세기 다라국 시대에 살기 좋은 곳이었다면 그 이전에도 마찬가지였을 테니까요.

성산토성의 서쪽은 황강과 마주치는 벼랑을 성벽으로 삼았고 동쪽·남쪽과 북동쪽은 석성으로 조성했으며 북서쪽은 토성으로 둘렀습니다. 중심을 이루는 구릉 정상에서는 대형 건물 자리 다섯 군데와 그를 둘러싼 도랑 모양 유적이 확인됐습니다. 이를테면 왕궁과 같은 중심 시설물이라고 볼 수 있는 것들이지요.

이밖에 제사를 지낸 자취도 발견됐지만 지금 사람들이 1500년 전 다라국의 모습을 손쉽게 떠올릴 수 있는 흔적은 아쉽게도 보이지 않습니다. 성산토성 일대에서는 지금도 발굴 조사가 이어지고 있습니다.

해인사 국사단에 모셔진 정견모주

가야 역사의 흔적은 합천 해인사에도 남아 있습니다. 해인사가 자리를 잡은 가야산은 대가야 사람들이 신성하게 여기는 공간이었습니다. 대가야 건국신화의 두 주체 가운데 어머니인 정견모주가 바로 가야산 산신령이기 때문이지요.

이 정견모주는 해인사와도 뜻깊은 인연을 맺었습니다. 802년 해인사가 창건될 때 가야산에서 형세가 청량한 땅을 골라잡아 주었던 것입니다. 최치원이 쓴 '신라 가야산 해인사 선안주원 벽기'에 그렇게 적혀 있습니다. 자기 소유인 가야산의 일부를 내놓고 절을 짓도록 했으니 창건에 결정적으로 이바지한 셈입니다.

해인사는 고마움의 표시로 전각을 세우고 정견모주를 모셨습니다. 해인사 일주문을 지나 봉황문과 해탈문 사이에 있는 국사단이 그것입니다. 거기 벽화를 보면 아버지 이비가가 왼쪽 위에 멀찌감치 서 있습니다. 반면 어머니 정견모주의 원만한 얼굴과 주일·청에 두 아들의 귀여운 모습은 가까이에 크게 그려져 있습니다.

그런데 요즘 사람들은 산신령이라 하면 대체로 허연 수염을 기다

국사단의 정견모주

랗게 늘어뜨리고 호랑이 등에 올라앉은 할아버지의 모습을 떠올립니다. 그리고 해인사 말고 다른 절간에도 보면 산신각에 걸려 있는 그림이 모두 그렇습니다.

그래서 대가야 건국신화가 이상하게 여겨질 수도 있지만 원래 산신령은 남자가 아니고 여자였다고 합니다. 이를테면 지리산의 산신령도 성모천왕이라는 여성입니다. 모든 것을 품어 안고 길러내는 대지의 속성이 여성성과 닮아 있어서 그런 게 아닐까 싶습니다.

정견모주에서 모주는 어머니를 높여 이르는 말로 이를테면 어머님 또는 어마마마 정도가 됩니다. 앞에 있는 정견은 바르게 본다=편견과 욕심을 버리고 세상의 참모습을 있는 그대로 받아들인다는 뜻

의 불교 용어입니다. 해인사 국사단의 정견모주는 외래 종교인 불교
와 토착 신앙인 무속의 조화로운 융합 또는 평화로운 공존을 상징하
고 있습니다.

월광태자는 월광사지를 거닐었을까?

합천에는 가야 관련 전설이 서려 있는 절터가 해인사 말고 하나
더 있습니다. 야로면 월광 마을 이천천과 가야천 두 물줄기가 만나
는 어귀에 있는 월광사지입니다. 지금은 모두 없어지고 서로 마주보
는 동·서삼층석탑 두 개만 남아 있는데, 대가야의 마지막 태자 월광
태자가 머물면서 나라 잃은 괴로움과 쓸쓸함을 달랬다는 전설이 내
려오고 있습니다.

아버지 이뇌왕은 백제의 동진으로 말미암은 어려운 처지를 타개
하기 위해 522년 신라 왕실에 결혼동맹을 요청했고 그 결과로 월광
태자를 낳았습니다. 그러나 신라는 얼마 안 가 529년에 동맹을 파기
했고 562년에는 화랑 사다함과 장군 이사부를 앞세워 대가야를 정
복했습니다. 아버지의 나라가 어머니의 나라에 정복을 당했으니 월
광태자는 이중으로 고달팠을지도 모릅니다.

월광태자는 대가야의 마지막 임금인 도설지왕과 동일 인물로 간
주되기도 합니다. 신라와 결혼동맹을 했던 이뇌왕의 아들이지요. 도
설지라는 이름은 단양 적성비와 창녕 진흥왕척경비에도 새겨져 있
습니다. 이를 근거로 짐작해보는 바는 이렇습니다. 도설지는 결혼동

월광사지

맹이 깨지자 어머니의 나라 신라로 건너갔습니다. 이후 아버지의 나
라 대가야가 쇠약해지자 신라는 그를 마지막 바지 임금으로 삼았습
니다.

　어쨌거나 월광사지 삼층석탑이 조성된 시기는 아무리 올려 잡
아도 통일신라시대를 뛰어넘지는 못합니다. 월광태자가 살았던 시
대와 최소 200년가량 간격이 벌어집니다. 월광태자가 지었다기보다
는 오히려 월광태자가 쓸쓸하게 거닐던 자리에 후세 사람들이 절간
을 지었다고 보는 것이 더 맞을지도 모르겠습니다.

　지금 월광사지를 찾는 사람들은 대가야와 월광태자를 생각하며
그 심정을 헤아려보곤 합니다. 마지막이라는 단어가 건네는 비운이
나 비애 같은 느낌을 떠올릴 수도 있겠지만 월광사지는 그렇게 쓸

쓸한 분위기는 아닙니다. 가지가 늘어진 서너 그루 소나무와 석탑이 어우러지면서 오히려 한적하고 편안한 느낌을 주고 있습니다.

세 사람의 엇갈린 운명, 신라 충신 죽죽비

죽죽은 다라국이 멸망하고 80년가량 지난 642년에 백제와 신라가 맞붙었던 대야성 전투와 관련된 인물입니다. 죽죽은 『삼국사기』에 대야성의 도독 김품석 아래에서 사지라는 벼슬을 한 대야주 사람으로 나옵니다. 대야주는 다라국이 멸망한 직후인 565년 합천에 설치한 신라의 군사·행정 단위였습니다. 죽죽은 다라국의 후예였고 신분은 지배계층이었습니다.

백제의 공격으로 시작된 대야성전투는 신라의 패배로 끝이 납니다. 내분이 일어났기 때문이지요. 앞서 도독 김품석은 사지 벼슬에 있던 또 다른 대야주 출신 인물인 검일의 아내를 빼앗았습니다. 이에 검일은 쳐들어오는 백제군에 호응하여 창고를 불태워버립니다.

사기가 꺾인 신라 군사는 성 밖으로 나가 항복을 했지만 백제는 이들을 남김없이 죽여버렸습니다. 그러자 도독 김품석은 처자를 먼저 죽이고 자결을 합니다. 하지만 죽죽은 전세가 이미 기울었는데도 아랑곳하지 않았습니다. 남은 군사를 거두어 성문을 닫고 힘껏 싸웠으나 결국 성은 함락됐고 본인도 전사를 하게 됩니다.

대야주의 최고 지배자 김품석은 신라 왕실에서 파견한 인물이었고 다라국 출신인 죽죽과 검일은 그 아래에서 벼슬을 살았습니다.

신라 충신 죽죽비

세 사람의 운명은 제각각 다른 방향으로 흘러갔습니다. 몹쓸 짓을
했던 김품석은 자결을 했고 죽죽은 전쟁에서 목숨을 잃게 됩니다.
검일은 백제로 들어가 계속 신라를 침공했지만 훗날 백제가 멸망하
자 태종무열왕에게 사지가 찢기고 그 시체는 강물에 던져졌습니다.

신라는 죽죽을 제대로 예우했습니다. 전사한 죽죽에게 선덕여

왕이 내려준 급찬은 6두품이 오를 수 있는 아홉 번째 벼슬이었습니다. 생전에 맡았던 사지는 4두품이 오를 수 있는 열세 번째 벼슬이었으니 신분은 두 단계가 오르고 벼슬은 네 단계가 올랐습니다. 처자에게도 상을 내리고 서울로 옮겨 살도록 했습니다. 변방의 백성에서 왕경의 일원으로 승격시킨 것이지요. 세 사람의 엇갈린 행보와 운명을 보면서 삶과 죽음에 대해서 곱씹어보게 됩니다.

경상남도
함안군

탁월한 입지 선정, 말이산고분군

말이산고분군은 기원전 1세기부터 6세기까지 꾸준히 조성됐습니다. 가야고분군 가운데 이렇게 오래 조성된 묘역은 함안 말이산고분군과 합천 옥전고분군 두 군데입니다. 600년가량 단계적으로 변화해 온 무덤의 내용과 외형을 한 자리에서 확인시켜 주는 대표적인 고분군입니다.

말이산은 평지 한가운데 불쑥 솟아서 남쪽에서 북쪽으로 뻗어 있습니다. 높지 않으면서도 사방에서 올려다보는 뛰어난 경관을 갖추고 있습니다. 왕릉급 고분들은 대체로 줄기능선 중에서도 주변보다 고저 차이가 뚜렷한 지형을 골라 들어서 있습니다. 이런 입지는 봉분을 만드는 노력을 적게 들이면서도 규모는 더욱 크게 보이도록 하는 효과가 있습니다.

말이산고분군

말이산고분군은 왕궁터로 짐작되는 가야리 유적 일대와 그 앞자리에 있었을 포구에서도 잘 보입니다. 왕궁에 있던 지배계층도, 들녘과 거리에서 일상을 이어갔던 일반 백성도, 포구를 드나들던 외지 사람들도 모두 바라볼 수 있는 위치입니다. 당대를 넘어 후대에도 기억되게 하겠다는 아라가야인들의 숨은 의도가 있었는지도 모르겠습니다.

5세기에 들면 이전과는 차원이 다른 강력한 권력의 형성을 보여주는 고분들이 등장합니다. 새로운 권력을 반영하듯 여태까지 무덤을 쓰던 북쪽 비탈을 벗어나 그 위에 있는 능선으로 올라갑니다. 이 시기를 대표하는 고분으로는 우리나라 최초로 말갑옷이 출토된 마갑총이 꼽힙니다. 하지만 아직까지 높고 큰 봉분은 나타나지 않았고 다만 주인공과 유물을 안치하는 내부 공간이 아주 넓어졌을 뿐입니다.

질서정연한 무덤은 다 계획된 것

높고 커다란 봉분을 갖춘 고분은 뒤이어 나타납니다. 대략 5세기 중반부터 6세기 중반까지 100년 동안 말이산 전체에 들어서게 됩니다. 다닥다닥 붙어 있지 않고 20~30m 정도 일정한 간격으로 떨어져 있습니다. 지위나 신분 또는 서로 친밀한 정도에 따라 묘역을 미리 정해놓는 사전 계획이 있었음을 짐작하게 해줍니다.

이채로운 것은 커다란 봉분이 등장하는 시기에 순장이 시작됐다

말이산고분군

는 사실입니다. 좀 더 강력해진 권력의 출현을 알려주는 것이지요. 김해 대성동고분군이 3세기 후반에 순장이 시작된 것과 견주면 상당히 늦은 편입니다. 반면 창녕의 교동과 송현동 고분군보다는 조금 앞섭니다. 고분의 규모에 따라 순장자의 숫자가 달라지는 것은 김해나 창녕과 다르지 않았습니다.

　가파른 언덕 위에 있는 제4호분은 아라가야 최초의 왕릉급 무덤입니다. 이를 기점으로 초대형 고분들이 남쪽을 향해 이어집니다. 그렇게 해서 남쪽 끝자락에 놓인 마지막 왕릉급이 6세기 초반에 만든 것으로 짐작되는 제35호분(암각화고분)입니다. 정연한 질서에 따라 조성됐다는 것이지요.

암각화고분은 김해 대성동고분군과 마찬가지로 말이산고분군 역시 선조가 청동기시대와 연결되어 있음을 보여줍니다. 동심원과 알구멍이 새겨진 암각화 바위는 그 자체로 청동기시대의 문화유산입니다.

발굴을 했더니 그 아래에도 기원전 4~5세기의 집터와 고인돌이 있었습니다. 선사시대와 철기시대를 자연스럽게 이어주는 역사의 현장입니다. 이로 미루어볼 때 청동기시대의 말이산은 아라가야 선조들의 고인돌이 들어서 있던 집단 묘역이지 않았을까 여겨집니다.

제4호분에서 남쪽으로 가까운 꼭대기에는 제13호분이 있습니다. 봉분은 제4호분이 가장 크고 높이는 제13호분이 가장 높습니다. 이 두 고분은 입지도 탁월해서 단박에 시선을 사로잡습니다. 이밖에 다른 초대형 고분들도 하나같이 줄기능선에 줄지어 있습니다.

반면 줄기능선에서 갈라져 서쪽으로 내려가는 가지능선들은 대체로 대형 또는 중대형 고분들이 차지합니다. 하지만 좀 더 작은 중소형들은 이들과 무리를 짓고 어울리지 못했습니다. 대신 말이산의 북쪽 끝자락 비탈에 집중적으로 모여 있습니다. 말이산고분군은 주인공이 생전에 누렸던 지위에 따라 묻히는 영역도 별도로 마련해 놓았었나 봅니다.

암각화가 있는 제35호분

거대한 봉분의 숨은 비결

아라가야가 멸망하면서 말이산고분군에는 봉분을 갖춘 고분이 더 이상 만들어지지 않게 됩니다. 하지만 이미 들어선 고분들은 1500년 세월이 지나도록 원형을 잃지 않았습니다. 고대 가야의 고분 문화가 이토록 완전하게 보전된 것은 아라가야 사람들의 최첨단 토목공법 덕분입니다.

아라가야 사람들은 무덤 내부 돌덧널 석벽 양쪽에 사각 구멍을 내고 목재를 걸치는 들보 시설을 고안했습니다. 그 위에 네모꼴로 다듬은 굵은 목재들을 다시 걸쳤습니다. 이로써 이전보다 훨씬 두꺼운 덮개돌을 올릴 수 있게 되었습니다.

무덤을 크게 하려면 좀더 두꺼운 덮개돌을 덮어 봉분의 무게 압력을 오래 견딜 수 있도록 해야 했습니다. 들보 시설은 무거운 덮개돌을 손쉽게 올리기 위한 크레인과 같은 것이었습니다. 함안박물관 뒤편 말이산고분전시관에 가면 이 최첨단 공법을 자세히 볼 수 있습니다.

말이산과 통합된 남문외고분군

함안 하면 말이산고분군을 으뜸으로 치지만 그에 버금가는 남문외고분군도 있습니다. 신음천을 따라 길게 늘어선 구릉의 능선에 크고 작은 고분이 들어서 있습니다. 남문외고분군은 말이산고분군에서 북서쪽으로 700m 정도 떨어져 있습니다.

지금 지형을 보면 전혀 다른 구역 같지만 남문외고분군과 말이산고분군은 역사적으로 이어지는 단일한 고분군입니다. 아라가야 지배계층의 집단 묘역이 말이산고분군에서 남문외고분군으로 확장되었다고 보면 그다지 크게 틀리지는 않을 것 같습니다.

아라가야 권역에서 가야고분군은 100군데 넘게 발견됐지만 봉분이 크고 높은 고분은 남문외고분군과 말이산고분군에만 있습니다. 남문외고분군을 대표하는 고분은 봉분 밑지름이 29.5m에 이르는 남문외 제11호분입니다. 6세기 초반에 조성됐는데 이 시기의 고분 가운데 이만한 규모는 말이산고분군에서도 찾아보기 어려울 정도이니까요.

남문외고분군은 2021년 7월 29일자로 말이산고분군으로 통합 지

남문외고분군

정되면서 경상남도기념물에서 국가사적으로 격이 높아졌습니다. 기존 말이산고분군만으로도 대단히 크지만 남문외고분군이 더해지면서 통합 말이산고분군은 우리나라에서 가장 큰 규모를 갖추게 됐습니다.

딱 봐도 아라가야, 함안박물관

함안박물관 입구에는 미늘쇠 모양의 입간판이 큼직하게 세워져 있습니다. 의례나 행사 때 권력자의 위세를 떨치는 물건이었던 미늘쇠는 가야 전체를 대표하는 상징물로 활용되기도 합니다.

미늘쇠 양쪽 가장자리에 달려있는 새 모양 장식은 당시 사람들의 세계관을 짐작하게 합니다. 새는 죽은 후 좋은 세상으로 데려다주는 존재로 여겨졌습니다. 지상의 인간과 천상의 신들을 이어주고 이승과 저승을 이어주는 매개의 역할을 한다고 믿었던 거지요.

이제 함안박물관의 상징이 됐을 정도로 유명세를 타고 있는 아라홍련도 빼놓을 수 없습니다. 성산산성에서 함안박물관으로 700년 긴 세월을 건너와 환생한 아라홍련은 여름 내내 뜨거운 햇살 아래서 연연한 아름다움을 뽐냅니다.

아라가야 하면 독창성 있는 토기를 빼놓을 수 없습니다. 등잔 모양, 집 모양, 수레바퀴 모양, 사슴 모양, 배 모양 등 아라가야만큼 색다르고 다양한 모양의 토기가 많은 고장도 드물지요.

그 중에서도 으뜸은 불꽃무늬토기입니다. 아라가야 권역에서 가장 많이 나온 불꽃무늬토기는 '메이드 인 함안'을 뜻하기도 합니다. 이처럼 그릇의 용도에만 매이지 않고 자유롭게 모양을 빚어내는 것은 먹고 살 만해야 가능한 일입니다. 다양한 토기는 아라가야의 번

함안박물관

보물로 지정된 여러 가지 모양 토기(제45호분 출토) ⓒ함안박물관

영을 알 수 있게 해줍니다.

마갑총에서 출토된 말갑옷과 말머리가리개는 드물게도 거의 원형에 가까운 모습이었습니다. 머리에서 발끝까지 철갑을 두른 말은 요즘으로 치면 전차와 같은 존재였습니다. 아라가야의 군사력이 남달랐음과 쇠를 다루는 기술이 뛰어났음을 함께 보여주는 유물이지요. 말이산고분군에서 출토된 여러 무기들을 보노라면 기다란 창을 들고 철제 갑옷과 투구를 쓰고 완전무장한 말을 타고 있는 중장기병의 모습이 떠오릅니다.

2019년 제45호분에서 발굴된 봉황 장식 금동관도 눈여겨볼 만합니다. 사슴이 고개를 돌리는 장면을 포착한 것 등 생동감 넘치는 여러 가지 모양 토기와 함께 출토되었습니다. 테두리는 네모꼴로 뚫은

말갑옷과 말머리가리개 ⓒ함안박물관

봉황 장식 금동관 ⓒ함안박물관

부분이 가로로 이어지고 그 위에 두 마리 봉황이 마주 보는 형상을 올렸습니다. 이런 형상은 다른 가야나 백제·신라에서 볼 수 없던 새로운 것이며 제작기법 또한 투박하지만 아라가야 고유의 것으로 확인되었습니다.

아라가야의 왕성, 가야리 유적

함안 가야리 유적은 아라가야의 왕성이 발견된 자리입니다. 그동안 글이나 말로만 전해오던 아라가야의 왕궁으로 짐작되는 유적이 나지막한 야산 꼭대기에서 토성에 둘러싸인 채 나타났습니다. 함안 가야리 유적의 토성은 김해의 봉황동 유적 토성이나 합천 옥전고분군의 성산토성과 달리 거의 완전한 상태로 남아 있습니다.

가야리 유적(가야읍 가야리 285) 전경 ⓒ함안군청

높이는 최고 8.5m이고 너비는 20~40m인데 같은 시기의 다른 가야 권역에는 비교할 상대가 없을 정도로 크다고 합니다. 밑바닥은 대체로 암반으로 덮여 있는데 나무기둥을 박아 넣었던 구멍 흔적이 곳곳에서 발견됐습니다. 통나무 울타리가 줄지어 늘어서 있었던 자리이거나 올라가서 멀리 망을 보았던 망루, 또는 마루를 높게 설치한 고상 건물의 흔적들입니다.

왕성에 걸맞은 커다란 규모의 취사 전용 건물터도 확인됐습니다. 길이 11m 너비 5m에 이르는 기다란 네모꼴에다 암반을 파내어 만들었습니다. 취사 공간임을 알려주는 아궁이와 구들·굴뚝, 물을 담아둘 수 있도록 암반을 파서 만든 구덩이, 그리고 취사용 토기와 그

룻받침도 같은 자리에 있었습니다.

토성이 둘러싼 가야리 유적은 임금이 살아서 거처하는 공간이었습니다. 왕궁에서 바라다 보이는 말이산고분군은 그런 임금이 죽어서 조상의 품에 안기는 사후 안식처였습니다. 그런 의미에서 왕궁 토성이 발견된 가야리 유적과 왕릉급 고분이 즐비한 말이산고분군은 잘 어울리는 한 쌍의 짝이라 하겠습니다.

이런 호응 관계는 토성이 남아 있는 합천 옥전고분군과 김해 대성동고분군에서도 볼 수 있지만 가장 전형적이고 으뜸인 데는 함안입니다. 말이산고분군으로 통합된 남문외고분군도 가야리 유적을 향해 고개를 내밀어 굽어보는 모양새를 하고 있습니다.

초대형 고대 건물터 당산유적

당산유적은 우리나라에서 가장 큰 고대 건축물이 세워져 있었던 자리입니다. 전체 길이는 40m이고 너비는 최대 15m에 이르며 면적은 최소한 130평(400㎡) 이상입니다. 2020년 10월 충남 부여에서 발견돼 눈길을 끌었던 사비 백제의 대형 건물지가 가로 12m 세로 7m인 데 견주면 엄청난 크기입니다

지붕을 받치는 기둥으로 사용했던 통나무의 지름이 평균 1.6m에 이를 정도입니다. 기둥 자리에서 나온 숯으로 탄소연대측정을 했더니 1700년 전인 4세기로 나왔습니다. 지금은 아무렇지도 않은 규모이지만 4세기라면 초대형이라 하고도 남음이 있습니다.

이런 정도 크기면 제법 많은 사람들이 한꺼번에 모일 수 있었겠지요. 국가 차원의 대규모 집회나 하늘에 제사를 올리는 의례 또는 최고위 지배자들의 장례·혼례 등 경조 의식을 치르는 데 전혀 손색이 없었을 크기입니다.

　　당산유적은 터를 잡고 있는 자리도 예사롭지 않습니다. 함안천 물길을 앞에 두고 도도록하게 튀어나온 언덕배기입니다. 하루종일 볕이 바르고 시야를 가리는 것 없이 사방으로 트여 있어 전망이 좋습니다. 게다가 1920년대 일제가 그 아래를 잘라 인공 물길을 내고 시가지를 조성하기 전에는 말이산고분군과 한 몸을 이루는 북쪽 끝자락이었습니다. 조상이나 하늘에 제사를 지내고 공동체를 위한 집단 의례를 집행하는 데 이보다 좋은 적지를 찾기는 어려울 것 같습니다.

당산 유적(가야읍 도항리 55-2)

『일본서기』에는 529년에 아라가야가 고당을 새로 짓고 백제·신라·왜의 사신을 초청해서 국제회의를 열었다는 기록이 나옵니다. 당시 아라가야 국왕이 올라가 여러 나라 사신들과 논의했던 그 고당이 바로 여기 이 당산유적의 초대형 건물일 개연성이 높습니다.

가야 왕릉의 독특한 경관은 함안 아닌 다른 가야 지역에서도 볼 수 있습니다. 하지만 국가 행사나 국제회의를 위한 건축물은 오직 아라가야에만 있다는 점에서 아주 뜻깊은 유적입니다. 당산유적 초대형 건물의 희소성만큼은 충분히 인정받을 만합니다.

성산산성은 가야일까, 신라일까?

1587년 함안을 기록한 『함주지』는 성산산성을 '가야국의 옛 터'라고 하면서 "성산 위에 있는데 둘레가 4383척에 이르고 지금도 성터가 뚜렷하다"고 적었습니다. 『함주지』에 나오는 성산의 공식 지명은 조남산이지만 지금도 대부분 사람들은 여전히 성산이라고 합니다.

사람들은 이처럼 오랫동안 성산산성을 아라가야 사람들이 쌓은 가야 산성으로 알고 있었습니다. 옛날부터 전해져 오는 얘기에 누구도 의심을 품지 않았습니다. 함안은 아라가야의 옛 땅이고 성산산성은 가야 옛 땅에 있는 산성이니까 처음 쌓은 것은 가야시대이고 이후 신라가 점령하면서 신라 사람들이 고쳐 쌓았을 것이라고 지레짐작했던 것입니다.

하지만 성산산성은 신라가 쌓은 것으로 확인이 됐습니다. 동문·

서문·남문 가운데 정문격인 동문은 물에 젖어도 무너지지 않도록 갈대·나무껍질·나뭇잎 등으로 토대를 다지고 그 위에 쌓았습니다. 그 식물성 더미를 발굴했더니 나무토막에 글자를 썼던 목간이 쏟아져 나왔습니다. 목간에는 신라의 관직명과 지명·인명 그리고 신라의 법령 등이 적혀 있었습니다. 이로써 성산산성을 둘러싼 논란은 단박에 정리가 되었습니다.

성산산성 한가운데 낮은 자리에는 습지가 형성돼 있습니다. 여기에 만들어져 있던 고려 시대 연못에서 연씨가 출토돼 700년 만에 꽃을 피웠습니다. 토종 DNA를 가진 아라홍련의 환생이었습니다. 함안박물관 들머리에는 이 아라홍련의 시배지가 있습니다.

하늘에서 본 성산산성(ⓒ함안군청)과 동문 성벽(아래)

경상남도
창녕군

두세 집단이 공존한 교동과 송현동 고분군

교동과 송현동 고분군은 창녕 비화가야가 전성기를 맞기 직전인 5세기 중반부터 멸망 이후인 7세기까지 집중적으로 조성됐습니다. 200년 동안 초대형에서부터 중소형에 이르기까지 1000기 남짓 되는 고분이 들어섰습니다. 200년 동안 1000기라면 해마다 5기씩 봉분을 쌓아올린 셈이니 당시 기술력으로 보면 어마어마한 숫자가 아닌가요.

창녕 교동과 송현동 고분군

교동과 송현동 고분군은 창녕 일대에 강력한 세력을 갖춘 가야 집단이 있었음을 보여줍니다. 이처럼 크고 작은 고분이 비교적 짧은 기간에 많이 조성됐다는 것과 멸망 이후에도 계속 만들어졌다는 것은 이 고분군의 특징이라 할 수 있습니다.

교동과 송현동 고분군은 교동1·2군과 송현동 3·4군 등 넷으로 구분이 됩니다. 교동은 1군과 2군이 붙어 있지만 송현동은 3군과 4군이 떨어져 있습니다. 가장 먼저 조성된 것은 5세기 중·후반의 교동2군이고, 교동1군과 송현동3·4군은 6세기 초반부터 동시에 만들어졌습니다.

세력이 비슷한 두세 집단이 공존하면서 교동과 송현동으로 양립했을 가능성을 보여주는데, 다른 가야고분군에서는 보이지 않는 특징이기도 합니다. 하지만 초대형 왕릉급 고분이 중심을 이루는 것은 다르지 않습니다. 이어서 대형·중대형 고분이 왕릉급을 위성처럼 감싸고 그 주변에 다시 중소형 고분이 여럿 들어서는 양상을 보여줍니다.

특징이 많다는 특징

화려한 금속공예품이 다양하게 많이 출토된 것도 특징입니다. 다른 지역의 가야 세력과 확연하게 구분될 정도이지요. 금동제 왕관과 글자가 새겨진 장식용 큰칼, 금동제 허리띠, 장식용 말갖춤 등입니다. 이는 신라의 경주를 비롯하여 낙동강 중상류 지역의 금속 공예품을 적극 수용해서 창의적으로 변용한 결과라고 합니다.

반면 갑옷과 투구 같은 전투 관련 물품은 그다지 많이 나오지 않았습니다. 함안 말이산고분군이나 김해 대성동고분군 또는 합천의 옥전고분군과 크게 다른 대목이라 할 수 있습니다. 하지만 평화를 사랑했다거나 특별한 사정이 있는 것은 아니고 고분군의 조성 시기와 관련이 있는 듯합니다. 교동과 송현동 고분군은 6세기에 집중 조성됐는데 이 시기는 앞선 5세기와 달리 다른 가야고분군에서도 무기류가 크게 줄어드는 양상을 보입니다.

비화가야는 여러 가야 세력 가운데 합천 다라국과의 관계가 가장 긴밀하고 돈독했습니다. 합천 옥전고분군은 비화가야계 유물이 가장 많이 나오는 고분군입니다. 로만글라스와 금동제 장신구 등 신라에서 다라국으로 건너간 많은 유물들도 대부분 비화가야를 경유해서 들어간 것으로 파악됩니다. 신라 문물이 가야로 퍼져나가는 창구가 비화가야였던 셈이지요.

비화가야와 다라국의 관계가 이처럼 긴밀했던 까닭은 지리적으로 가깝다는 점을 들 수 있습니다. 교동과 송현동 고분군에서 토평천과 창녕천 물길을 따라 낙동강 본류에 이른 다음 황강을 타고 거슬러 오르는 15km 남짓은 당시에도 그리 먼 거리는 아니었습니다. 그밖에 다른 요인도 있을 수 있지만 아직 뚜렷하게 밝혀진 것은 없습니다.

신라와 친하면서 독자성도 지켰다

교동과 송현동 고분군은 신라의 영향권이라는 오해를 사기도 합니다. 창녕의 비화가야가 다른 가야 세력과 비교했을 때 지리적으로 경주와 가까웠기 때문입니다. 다라국·아라가야·가락국이 모두 낙동강 서쪽에 있지만 창녕 비화가야는 동쪽에 자리잡고 있지요.

하지만 비화가야는 마지막까지 가야의 일원으로서 정체성을 잃지 않았습니다. 비화가야가 남겨 놓은 금동 장식품과 말띠드리개 같은 말갖춤과 금동 장신구, 5세기 중반에 양식이 성립된 창녕식 토기 등에서 확인할 수 있습니다.

송현동3군의 제6·7호분과 제15·16호분은 표주박을 엎어놓은 것 같은 이른바 표형분입니다. 먼저 들어선 제6호분과 제16호분의 봉분에다 이후 제7호분과 제15호분을 이어붙여서 이런 모양이 만들어졌습니다. 신라에서 크게 유행했던 형식으로 비화가야에 끼친 신라의 영향을 보여주고 있습니다.

그렇지만 비화가야는 새로운 요소를 가미했습니다. 신라는 먼저 지은 봉분을 잘라내고 이어붙였다면, 비화가야는 먼저 지은 봉분을 그대로 두고 이어붙였다는 차이가 있습니다. 얼핏 보기에는 신라와 비슷한 구석이 많아도 자세히 보면 독자적인 지역성이 뚜렷합니다.

교동과 송현동 고분군에 있는 고분들은 내부 구조도 독특합니다. 신라는 물론 다른 가야에서도 볼 수 없는 모양입니다. 낙동강 중상류 세력과 연관성이 있으면서도 독자성이 뚜렷한 대형 고분을 100년 남짓 동안 계속 만들었습니다.

그러나 6세기 중반에 접어들면 신라 경주의 무덤 양식이 나타나기 시작합니다. 비화가야가 사실상 운명을 다했을 것으로 짐작되는 시기입니다. 그래서인지 신라의 영향력이 압도적으로 커지면서 대형 고분은 더 이상 만들어지지 않습니다. 신라와 낙동강 중상류에 더해 바다 건너 일본열도까지 미쳤던 비화가야의 활약이 종말을 고하게 된 것입니다.

교동과 송현동 고분군에는 커다란 봉분을 갖추기 이전에 조성된 고분이 없습니다. 5~6세기 비화가야의 주인공들이 4세기 이전에는 어디서 어떻게 살았는지 분명하게 드러나지 않은 것이지요. 계성고분군 등 창녕 권역의 다른 고분군에서도 제대로 해명되지 않은 부분입니다. 향후 역사학계와 고고학계가 메워야 할 역사의 공백입니다.

또 하나의 비화가야 계성고분군

계성고분군은 교동과 송현동 고분군과 더불어 창녕 비화가야를 대표하는 고분군입니다. 교동과 송현동 고분군이 5세기 중후반 이후 창녕의 중심고분군이라면 계성고분군은 그 이전 시기에 중심 역할을 했던 고분군입니다. 조성 시기는 4~7세기로 오히려 교동과 송현동 고분군보다 길고 고분의 숫자 또한 확인된 것만 해도 260기 남짓으로 못지않은 규모입니다.

계성고분군(계성면 계성리 371·산121·산104, 사리 1164-3 등)

계성고분군은 비화가야의 성립과 성장을 최초로 보여주는 고분군이라는 의미도 있습니다. 비화가야가 다른 지역의 가야 세력과 뚜렷하게 구분되는 모습을 보이는 시기는 5세기 초중반입니다. 계성고분군에서 크고 높은 봉분을 갖춘 왕릉급 고분이 들어서기 시작하는 시기와 일치합니다. 이는 5세기 후반부터 왕릉급 고분이 조성되는 교동과 송현동 고분군보다 한 발 빠른 시기입니다.

가야 최대 고분이 여기에

먼저 크기를 보면 밑지름이 최대 47m짜리 고분도 있어서 창녕 일대뿐 아니라 가야 전체를 두고도 가장 큰 편입니다. 이밖에 30~20m 규모도 많으며 10m 안팎이지만 귀하고 값진 유물이 많이 출토된 고

교동2지구 제52·54호분

분도 있습니다. 또 밑지름 36m와 30m 짜리 두 고분을 이어 붙여 66m에 이르는 초대형 표주박 모양을 이룬 별난 고분도 있습니다.

유물도 금귀걸이와 금목걸이, 금동 왕관, 금동 허리띠꾸미개, 은 팔찌, 유리목걸이, 유리구슬, 은장도, 은으로 만든 용무늬 허리띠꾸미개, 장식용 말띠드리개 등 교동과 송현동 고분군을 능가하거나 맞먹는 수준이고 순장의 흔적이 보이는 고분도 있습니다. 창녕군은 이 계성고분군을 널리 알리기 위해 창녕박물관 야외에 계성고분 2지구 제1호분을 그대로 옮겨와 계성고분 이전복원관에 전시하고 있습니다.

순장 소녀 송현이의 환생, 창녕박물관

2007년 송현동 고분군 제15호분을 발굴했다가 1500년 오랜 세월 동안 깊이 잠들어 있던 한 소녀를 발견할 수 있었습니다. 그녀는 그 커다란 왕릉의 주인공이 아니었습니다. 주인공을 위해 순장되었던 네 사람 가운데 한 명이었습니다.

인골을 토대로 복원을 했더니 광대뼈가 살짝 튀어나오고 펑퍼짐한 얼굴에 아래턱이 짧은 전형적인 몽골리안이었습니다. 키 153.5㎝에 허리둘레는 21.5인치로 가냘픈 편이었는데 인체 비율은 거의 8등신이었습니다. 성장판이 아직 닫히지 않았고, 사랑니 또한 턱 속에 그대로 남아 있는 열여섯 살 소녀였습니다.

송현동 고분군에서 환생을 했다고 해서 이름은 송현이로 지어졌습니다. 이 열여섯 살 소녀의 정강이뼈와 종아리뼈에는 노동의 흔적이 새겨져 있었습니다. 무릎을 꿇었다 폈다 하는 동작을 오랜 기간 되풀이하는 바람에 뼈가 이상해졌던 것입니다. 그렇다면 송현이는 신분이 낮은 하녀였을까요?

물론 그럴 수도 있지만 잘라 말하기 어려운 부분도 있습니다. 왼쪽에 금동 귀걸이를 하고 있었기 때문입니다. 신분에 따른 차등이 엄격해 아무나 장신구를 할 수 있는 시대는 아니었으니까요. 나름 높은 신분이었지만 그보다 더 높은 신분의 사람을 모셨을 가능성도 있지 않았을까요? 어쩌면 최고 지존을 지근거리에서 모시는 영광스러운 선택을 받았을 수도 있습니다.

열여섯 소녀 송현이는 먼 훗날 다시 만나는 사람들에게 연민을 건넵니다. 꽃다운 나이에 생목숨을 끊어야 했던 사정과 그렇게 보낼 수밖에 없었던 가족들의 심정을 지금 사람들은 다만 짐작해 볼 따름입니다. 송현이는 지금 창녕박물관에서 찾아오는 이들을 무심한 표정으로 맞이하고 있습니다.

순장 소녀 송현이

가야의 여명을 여는 창녕지석묘

창녕지석묘는 장마면 유리의 조그만 야산 꼭대기에 있습니다. 평지나 야트막한 언덕에 있기 십상인 여느 고인돌과 달리 창녕지석묘는 나지막하기는 해도 산마루에 자리를 잡았습니다. 둥글게 펼쳐진 들판 한가운데에 봉긋하게 솟아 있어서 사방으로 툭 트여 있습니다.

위에서 내려다볼 수도 있고 아래에서 올려다볼 수도 있는 지형입니다. 2000년 전 청동기시대에 여기 살던 사람들이 고인돌 아래 무덤에 모셔져 있는 수장을 아래쪽 들판에서 수시로 우러러보는 장면을 손쉽게 연상할 수 있습니다.

창녕지석묘는 가로 5m, 세로 3m, 높이 2m 정도로 매우 우람합니다. 재질이 화강암으로 창녕지석묘가 있는 장마면 일대에서는 보

창녕 지석묘

기 힘든 것입니다. 여기는 거의 모두가 퇴적암입니다. 그렇다면 부피가 30㎥를 넘는 바위를 멀리 떨어진 곳에서 평지도 아닌 산지까지 누가 어떻게 옮겨왔을까 하는 궁금증이 생깁니다. 청동기시대에 적어도 수백 명 정도를 어렵지 않게 동원할 수 있었던 상당히 강력한 정치세력이 창녕에 있었다는 얘기가 됩니다.

창녕지석묘는 1962년 국립중앙박물관이 전국 고인돌을 조사할 때 창원 진전면의 곡안리 고인돌과 함께 경남 대표선수로 부름을 받았을 만큼 잘 생겼습니다. 원래는 여러 개가 더 있어서 칠성바위라고 했는데 일제강점기에 신작로를 만들면서 잘게 깨어 바닥에 까는 바람에 없어지고 말았지요. 지금 남은 창녕지석묘는 마을 사람들이 20원을 보상금으로 물어주어서 온전할 수 있었다고 합니다.

창녕지석묘는 청동기 사람들의 유물입니다. 청동기 문화를 바탕으로 철기 문화가 들어서면서 형성되는 것이 가야입니다. 철기시대의 처음과 청동기시대의 마지막은 상당 기간 겹쳐져 있습니다. 가야의 새벽을 여는 여명이 청동기시대에 시작됐던 것입니다. 청동기 사람들이 철기문화를 받아들여 가야를 열었든, 철기 사람들이 청동기 문화를 제압하고 가야를 열었든, 역사는 이렇게 서로 맞물리면서 이어져 나아갑니다.

경상남도
고정군

이어붙이기로 초대형? 송학동고분군

송학동고분군은 고성만을 바라보는 해발 25m 안팎의 나지막한 구릉 위에 들어서 있습니다. 함안 말이산고분군을 비롯한 다른 가야 고분군처럼 대규모로 무리를 지은 것은 아니고 고분의 개수도 그보다 훨씬 적습니다. 5세기 후반~6세기 중반에 소가야(고자국)의 최고 권력 집단이 조성한 묘역으로 규모는 밑지름이 대부분 25m 이상일 정도로 대단합니다.

먼저 한가운데에 커다랗게 솟은 세 무덤이 나란히 붙어 있는 것이 먼저 눈길을 끕니다. 구릉에서 가장 높은 꼭대기에 들어선 송학동 제1~3호분입니다. 마치 산 위에 산이 하나 더 있는 것 같습니다. 두 무덤이 서로 이어져 있고 그 사이에 다른 무덤이 하나 더 끼어 있는 독특한 모습입니다.

가장 먼저 들어선 무덤은 남쪽에 자리잡은 제1호분입니다. 그 북쪽에 조금 작은 제2호분이 두 번째로 들어서면서 제1호분과 끝자락이 약간 겹쳐져 있습니다. 그보다 더 작은 세 번째 제3호분이 제1~2호분 사이 두 무덤이 겹친 부분 위에 들어서 있습니다.

송학동고분군

봉분을 이렇게 이어 붙이고 보니 전체 길이가 70m에 이르는 초대형이 됐습니다. 이런 형식은 다른 가야 지역은 물론 백제나 신라에서도 보기 드물지요. 아마 묻힌 사람들이 혈연 또는 정치적으로 서로 밀접하게 관련돼 있었기에 이렇게 조성하지 않았을까 싶습니다.

다른 효과도 얻을 수 있었습니다. 먼저 세 무덤을 따로 만드는 것보다 훨씬 적게 품을 들여도 됩니다. 주인공들이 다른 누구와도 비교할 수 없을 만큼 강력한 권력을 가졌음도 보여줄 수 있습니다. 주인공들과 경험과 인식을 공유하는 지역사회의 구성원들에게는 긍지를 심어주고 결속력을 높이는 역할도 하지 않았을까 싶습니다.

일본의 오해가 밝혀지다

그런데 이렇게 조성하는 바람에 겉모습이 일본의 전방후원분과 비슷하다는 오해를 불러일으키게 됩니다. 전방후원분이란 일본을 대표하는 고분 형식 가운데 하나로 앞은 네모나고 뒤는 둥그스름합니다. 때문에 일본에서는 임나일본부설(고대 일본이 한반도 남부를 지배했다는 얘기)을 뒷받침하는 유적이라는 생각을 하게 됩니다. 하지만 발굴 결과 전방후원분과 아무 상관이 없다는 것이 밝혀지면서 논란은 수그러들었습니다.

제1~3호분은 만드는 방식도 독특합니다. 보통은 먼저 땅을 파서 주인공을 묻은 다음 그 위에 봉분을 올립니다. 하지만 이와 달리 평평하게 고른 바닥에 봉분부터 커다랗게 쌓아올렸습니다. 그러고는 다시 구덩이를 파고 시신과 유물을 안치한 다음 흙으로 덮었습니다. 가야 권역에서는 고성에서만 확인이 되는 것으로 같은 고성의 내산리고분군에도 있습니다. 일본이나 전라도 영산강 유역에서 받아들여 독자적으로 소화한 형식이지요.

이를 분구묘라고 하는데 분구묘는 한 봉분에 여러 무덤을 쓴다는 특징이 있습니다. 제1호분의 경우 봉분의 한가운데 가장 중심에 주인공의 무덤이 있고 그 주위에 돌아가면서 그보다 작은 10개의 무덤이 있습니다. 제2호분은 주인공 1명에 돌아가면서 2명이 묻혀 있고 제3호분은 주인공 1명만 한가운데 묻혀 있었습니다.

그러면 순장이 아닐까 여길 수도 있지만 그렇지는 않았습니다. 순장은 주인공을 장사지내면서 동시에 산 사람을 죽여서 묻는 것입니다. 하지만 주변에 있는 무덤은 중심에 있는 무덤보다 늦게 조성된 것들로 주인공을 묻은 시점보다 20~30년 늦은 것도 있습니다. 그러니까 이들은 주인공과 특별하게 상하나 선후 또는 친족관계로 맺어진 인물들이지 않았을까 짐작을 할 수 있습니다.

여러 계통의 유물이 한꺼번에 쏟아지다

송학동고분군의 또다른 특징은 외래 문물이 가장 다양하고 풍부하게 출토됐다는 것입니다. 고자국에서 자체 제작한 문물은 물론이고 대가야와 아라가야, 영산강 유역과 일본, 백제와 신라 등 여러 계통의 다양한 문물이 대량으로 나온 것이지요.

그런데 눈여겨볼 것은 또 있습니다. 보통은 이를테면 5세기 후반에는 대가야계가 우세하고 6세기 초반에는 백제계가 우세하고 6세기 중반에는 신라계가 우세한 식으로 시기별로 유물의 구성이 차이가 나기 십상인데 송학동고분군에서는 모든 시기에 골고루 다양한 외래 문물이 나왔습니다.

특정 시기에 특정 계열의 문물이 우세하면 그 계열의 영향력 아래에 있었다는 증거가 됩니다. 하지만 모든 시기에 다양한 계열의 문물이 같이 출토되면 서로 대등한 관계에서 여러 집단과 문물을 주고받은 결과로 볼 수 있습니다.

소가야는 이처럼 특정 세력의 영향이나 지배 아래에 있었던 것이 아니라 여러 세력과 다원적으로 교류하는 독립적인 존재였습니다. 이런 면모는 소가야(고자국)의 멸망으로 고분 조성이 중단되는 시

알구멍고인돌

점까지 한결같이 나타납니다.

송학동고분군으로 대표되는 고성 일대는 5세기 이후 여러 외래 문물의 경유지·집산지로 남해안 최대 규모의 무역항이었습니다. 일본열도와 영산강 유역의 문물이 가야로 들어오는 입구였고 경상도 내륙의 신라계와 대가야계 문물이 일본열도와 영산강 유역으로 나가는 주요 기항지였습니다.

한편 기월마을회관 앞에 있는 제13호분은 송학동고분군과 떨어져 있어서 별개의 고분으로 보입니다. 하지만 일제 강점 이후 중간 부분이 훼손되면서 끊어졌을 뿐이지 원래 지형은 하나로 이어져 있었습니다. 발굴했더니 유물은 도굴을 당해 볼 만한 것이 없었지만 대신 바닥에서 청동기시대의 무덤이 여럿 확인되었습니다. 이는 함안 말이산고분군이나 김해 대성동고분군처럼 고성 송학동고분군 역시 그 이전에는 청동기 사람들의 집단 묘역이었음을 보여줍니다.

내산리고분군, 해상교역의 주인공들

내산리고분군은 당항만이 바깥 바다와 만나는 곳에 자리하고 있습니다. 송학동고분군에서 보면 동쪽의 끝자락이지요. 당항만은 고자국이 동쪽 바다로 드나드는 해상관문이었습니다. 여기에 자리잡은 내산리고분군을 통해서도 고자국이 대외교역을 바탕으로 성장한 해양강국이었음을 알 수 있습니다.

당항만의 지형상 특징을 살펴보면 좀 더 쉽게 이해할 수 있습니

내산리고분군

다. 당항만은 육지 한가운데로 길게 들어와 커다란 호수처럼 잔잔합니다. 동력이 돛이나 노밖에 없었던 시절에도 어렵지 않게 선박이 다닐 수 있었습니다. 게다가 바깥바다를 빙 두르는 수고를 하지 않고 바로 안으로 들어가면 송학동고분군이 지척이었습니다.

내산리고분군은 이 관문을 지키면서 일대를 관리·통제하는 이들의 무덤으로 6세기의 초반과 중반에 집중 조성되었습니다. 서열을 따지면 송학동고분군이 고자국 전체를 다스리던 으뜸가는 지배자들의 무덤이라면 내산리고분군은 동쪽 방향 해양 교역에서 핵심적으로 활동하면서 당항만 일대를 다스렸던 이들의 무덤이지요.

내산리고분군은 봉분을 먼저 조성한 다음 거기에 시차를 두고 여러 사람의 무덤을 쓰는 방식이 확인이 됐는데 이는 영산강 유역에서 많이 나타납니다. 송학동고분군에서는 두 고분에서만 나타났지만 내산리고분군에서는 그런 고분이 제법 많이 있습니다. 이로 미루어 영산강 유역 집단과 내산리고분군 집단이 좀 특별한 관계에 있었지 않나 짐작을 하게 됩니다.

센 가야 사람들의 자취, 고성박물관

고성을 소가야라고도 했다는 사실을 두고 대가야(큰 가야)와 반대되는 소가야(작은 가야)라고 여기는 사람들이 많았습니다. 소가야라는 이름은 땅이 좁다거나 힘이 약하다거나 막연하게 그런 뜻이 담겨 있다고 생각할 수도 있습니다. 그런데 전혀 상관이 없습니다. 고성은 해양 교역을 발판으로 성장한 센 나라였습니다. 교역의 주력 물품은 바로 '쇠'였지요.

옛날 사람들은 지명을 한자로 적으면서 뜻을 가져오기도 하고 소리를 가져오기도 했습니다. 소(小)가야에서 '작다'는 뜻을 가져왔으면 스스로 작은 가야라고 낮추는 형상이 되고 소=쇠라는 소리를 가져왔으면 쇠의 가야가 돼서 나라의 근본 속성을 밝히는 것이 됩니다. 그렇다면 어느 쪽이 더 사실과 가까울까요?

소가야는 고성의 옛 지명 가운데 가장 널리 알려져 있지만 소가야라고 적은 역사서는 『삼국유사』 하나뿐입니다. 실제로는 '고'자 계열이 주류였습니다. 『삼국사기』는 고사포국, 『삼국지』는 고자미동국, 『일본서기』는 고차국이라 적고 있습니다. 고자국도 있는데요, 이는 소가야라 적은 『삼국유사』에 함께 나오는 이름입니다.

고성박물관에는 '古'라는 글자가 새겨진 가야시대 그릇이 있습니다. 여기 나오는 고(古)는 '오래되었다'는 뜻을 빌린 것이 아니라 '고'라는 소리를 빌려서 적은 것입니다. 그러니까 곧은 나라 또는 굳은 나라라고 일컫는 지명이지요. 이 그릇의 '古'라는 글자는 옛날 고성이 '곧은 나라'였고 '굳은 나라'였음을 알려주는 당대의 기록이라고 할 수 있습니다.

고성박물관의 또 다른 명물은 동외동 패총에서 출토된 새무늬청동기입니다. 철기시대에 만들어진 청동기는 대부분 제사나 의례 같은 데 쓰이는데 새무늬청동기도 그와 비슷한 용도로 쓰였으리라 짐작됩니다.

이 새무늬청동기는 원형을 그대로 갖추고 있는 유일한 유물이라는 점에서 눈길을 끕니다. 전남 영광군에서는 그 조각이 발견되었는데요, 고자국이 당시 해상에서 활발하게 활동했음을 보여주는 유물로 여겨지고 있습니다.

어른 손바닥보다 조금 작은 새무늬청동기는 아래가 좁고 위쪽은 넓어서 방패나 도끼처럼 보입니다. 자세히 들여다보면 정중앙에 머리부터 발끝까지 구체적으로 세밀하게 그린 커다란 새 두 마리가 서로 마주 보고 있고 양쪽에 각각 세 마리씩이 새겨져 있습니다. 도끼 날을 이루는 부분을 보면 테두리만 그려진 새 열일곱 마리와 열다섯 마리가 서로 등진 채 줄지어 있습니다. 현대적인 느낌을 주는 문양이 상당히 세련되고 깔끔하게 처리되어 있습니다.

고(古)자 적힌 그릇 ⓒ고성박물관

새무늬청동기 ⓒ고성박물관

동외동패총과 솔섬 유적

동외동패총은 청동기시대~철기시대 사람들의 생활유적입니다. 기원 전후에서 6세기까지 600년가량 사용됐으며 중심 연대는 3~4세기로 볼 수 있답니다. 고자국(소가야)의 초기에 해당하는데 같은 시기 마산·창원, 김해·부산, 경주에 형성된 생활유적에는 미치지 못하는 수준이라고 합니다.

동외동 패총은 해발 40m 정도 되는 구릉의 꼭대기와 비탈에 자리 잡고 있습니다. 지금은 바다와 멀어져 있지만 당시는 바로 아래가 바다였습니다. 옛날 사람들이 조개를 먹고 껍데기를 버렸던 이 쓰레기장에서 주거용 집터와 제사 의례를 지낸 자리, 그리고 마루가 높은 고상 건물 자리 등이 확인이 됐습니다.

솔섬

또 한 가지 새겨둘 만한 것은 쇠를 다루었던 야철지 유적의 존재입니다. 1.5~3m의 넓은 범위에 두께 3㎜ 정도로 덮여 있는 철찌꺼기가 흙으로 만든 송풍관과 함께 발견돼 당시 고자국에서 철이 생산되고 있었음을 보여줍니다. 고자국이 일찍부터 철의 생산을 바탕으로 대외교역을 활발하게 벌여 성장했다는 뜻입니다.

동외동패총보다 좀 더 이른 시기에 고자국의 형성과 등장을 보여주는 것으로는 하일면 송천리의 솔섬 유적이 꼽힙니다. 자란만 깊숙한 안쪽에서 두세 줄기 하천이 내려와 만나는 지점에 놓여 있는데요, 지금은 육지와 맞붙어 있지만 2000년 전에는 어느 정도 떨어져 있었을 겁니다.

솔섬 일대의 이런 지형은 계곡 평탄한 데에서 농사를 짓거나 갯벌에서 어패류를 채취하는 데에도 유리하고 배를 타고 나가 해양 활동을 하는 데에도 유리합니다. 아울러 1세기 후반~2세기 초반에 조성된 옛날 무덤 10기가 확인되었습니다. 이 솔섬 유적은 『삼국지』에 나오는 '고자미동국'의 최초 모습으로 여겨지고 있습니다.

송학동고분군을 지키는 만림산토성

만림산 토성은 고성만의 서쪽 해안에 붙어 있는 해발 89m의 만림산 정상 둘레에 흙으로 쌓은 산성으로 5세기 후반~6세기 초반 고자국(소가야)의 전성기에 만들어졌습니다. 너비 20~22m와 높이 최고 6.5m로 성벽을 두르고 그 안쪽으로 따라가며 마른 해자를 팠는데 고자국의 송학동고분군을 굽어보는 형상입니다.

지금 만림산토성은 육지로 둘러싸여 있지만 1500~2000년 전에는 바닷가에 바짝 붙어 있는 지형이었습니다. 지금은 만림산토성에서 송학동고분군까지 걸어서 오갈 수 있지만 당시는 바다나 갯벌을 가로질러야 가능한 일이었지요. 만림산은 고성만의 서쪽 높은 자리에 있기 때문에 도성을 방어하고 선박의 교류·출입 등을 관장하는 시설물이 들어서기에 안성맞춤인 곳입니다.

만림산 정상은 사방을 한눈에 담을 수 있어서 망루와 같은 군사시설이 들어서 있었을 가능성이 높습니다. 하지만 2020년 처음 벌인 발굴에서는 군사시설은 나타나지 않았고 기둥을 박았던 구덩이 같은 생활유적이 확인되었습니다. 이로써 소가야(고자국)는 사후 안식처(송학동고분군)와 생활 터전(동외동패총)에 더해 방어용 군사시설까지 확인이 되었습니다.

만림산토성 발굴 현장 ⓒ고성군청

기타
중요유적

우리 옻칠이 확인된 창원 다호리고분군

다호리고분군은 기원전 1세기 즈음 만들어지기 시작했습니다. 가야가 멸망하는 6세기까지 고분이 들어섰지만 가장 잘 알려져 있는 것은 기원 2세기까지의 유물과 고분입니다. 가야가 태동하기 시작한 초기 철기시대에 해당합니다.

대표 유물은 옻칠 제품입니다. 지금도 무게로 따지면 황금보다 더 값나가는 것이 옻칠인데 그때는 더욱 비싸고 귀중한 최고급 물품이었습니다. 청동칼·쇠칼의 칼집과 청동창·쇠창의 손잡이에 옻칠을 입혔고 활·화살과 토기에도 옻칠을 했습니다. 뿐만 아니라 소쿠리 같은 나무그릇이나 부채나 농기구의 자루와 같은 일상생활용품에도 옻칠을 입혔을 정도입니다.

한국 옻칠은 고대 중국의 수입품으로 여겨지고 있었는데 다호리고분군에서 나온 옻칠 제품들로 그렇지 않다는 사실이 확인되었습니다. 나무·금속·도자기 등 재질을 가리지 않고 자유자재로 옻칠을 입힐 만큼 실력이 뛰어났는데 중국이나 낙랑·대방에서는 보이지 않는 독창적인 여러 기법들도 나타났습니다.

문자 생활의 증거도

글씨를 쓰는 붓과 썼다가 잘못했을 때 긁어내는 요즘으로 치면 지우개 구실을 했던 긁개라는 작은 칼도 나왔습니다. 2000년 전 사람들이 문자 생활을 하고 있었음을 알려주는 유물이 우리나라에서 처음으로 발견된 것이지요. 그때는 종이가 귀해서 대부분 대나무나 반듯하게 깎은 나무에 글자를 적었는데 물건을 사고팔면서 장부에 적거나 멀리 물건을 보내면서 그 내역을 꼬리표에 썼을 것으로 짐작이 됩니다.

다호리고분군에서는 다른 나라의 물건도 많이 나왔습니다. 청동거울·청동허리띠고리·청동방울은 중국에서 건너온 것이고 청동창과 야요이 토기는 일본에서 건너온 것입니다. 중국에서 만든 화폐 오수전까지 나왔으니 그만큼 대외 교류가 활발했음을 보여줍니다.

가야 시대 주력 수출품인 덩이쇠가 처음 나온 데가 다호리고분군이라는 것도 주목할 만합니다. 여태까지는 어디서도 나타난 적이 없었는데 덩이쇠를 다른 나라로 수출할 만큼 많이 만들 수 있는 집단이 없었기 때문입니다. 덩이쇠의 대량 생산에 최초 성공한 주체가 바로 다호리고분군 사람들이었습니다.

그에 걸맞게 쇠를 뽑아내는 철광석과 쇠를 불리는 쇠망치도 나왔습니다. 이처럼 철의 생산이 많다 보니까 장신구·위세품이나 무기·말갖춤뿐만 아니라 생업에 종사하는 도구까지 철제품이 출토됐습니다. 도끼·가래·낫·삽·끌·송곳·낚싯바늘 등이 그것인데, 그 이전에는 모두 나무나 돌 또는 짐승뼈로 만들던 것들입니다. 모든 도구의 철기화에 성공했다는 것을 보여줍니다.

통나무널(국립중앙박물관)

2000년 세월에도 온전했던 통나무널

마지막으로 눈길을 끄는 것은 거의 온전한 상태로 발견된 나무널입니다. 350년가량 묵은 참나무 노거수 통나무로 만들었는데, 구유처럼 속을 파낸 다음 안에다 주인공을 모셨습니다. 발굴 당시 2000년이 지났음에도 전혀 썩거나 상하지 않은 채로 세상 밖으로 나와 사람들을 놀라게 했습니다.

다른 고분 안에 있던 나무널은 전부 삭아서 형체가 남지 않았는데 다호리에서는 어떻게 가능했을까요? 비밀은 발굴된 자리가 습지였다는 데 있습니다. 무덤 속을 흥건하게 적시고 있던 물이 나무널과 공기의 접촉을 차단하면서 산화되지 않을 수 있었다는 얘깁니다.

아쉽게도 독특하게 생긴 이 나무널을 창원에서는 볼 수가 없습니다. 국립김해박물관에 가면 그나마 복제품을 볼 수가 있고 진품을 보려면 서울 국립중앙박물관까지 걸음을 해야 합니다. 혹 기회가 생기면 꼭 자세히 챙겨 보시길 권합니다.

어떻게 살아남았지? 창원 성산패총

성산패총은 우리나라에서 가장 오래된 제철 유적을 품고 있습니다. 1974년 창원기계공업단지 개발 과정에서 완전히 파괴될 뻔했던 야철지였습니다. 지금은 어디를 개발한다 하면 반드시 사전에 문화재 조사부터 해야 하지만 50년 전에는 그런 것 없이 밀어붙이면 그만이었습니다. 문화재에 대한 인식이 지금과는 많이 달랐던 것이지요.

오랜 세월 쌓여온 거대한 패총이 드러나서 조사를 하다 보니 2000년 전에 철광석을 녹여 쇳물을 뽑아내던 작업장이 확인됐습니다. 야철지에서는 바람을 일으켜 보내는 풀무 관련 부품과 불을 피우는 숯도 함께 나왔습니다. 비탈면에 세로로 길게 홈이 파져 있고 옛날 쇳물을 만들 때 생긴 쇠찌꺼기도 남아 있습니다.

기원전 1세기~기원 전후에 형성된 이 야철지 유적이 살아남은 것은 발굴 책임자의 기지 덕분이었습니다. 창원공단의 기계 산업과 옛날 쇠를 생산했던 야철지를 연관 지은 것이 주효했습니다. 당시 대통령 박정희가 현장을 찾았을 때 '창원기계공단은 철과 관련된 산업이니까 성산패총 야철지 유적을 그 상징으로 삼으면 적합하겠다'고 건의를 했고 그것이 받아들여지게 된 것이지요.

성산패총 야철지

　야철지 유적이 확인된 성산패총에서는 중국 화폐 오수전도 발견됐습니다. 다호리고분군에서도 출토됐던 이 오수전은 여기 야철지의 주인공들이 중국과 직·간접으로 교류했음을 일러줍니다. 600년 동안 사람들이 먹고 버린 조개껍데기가 쌓인 자리 위에는 그 이후 신라 사람들이 쌓은 석성도 있습니다.

일제가 망가뜨린 진주 옥봉·수정봉고분군

옥봉고분군과 수정봉고분군은 서로 가까이에 있으면서 짝을 이루고 있습니다. 원래는 다 합치면 고분이 7기였는데 일제강점 이후 도굴과 개발 등으로 두 고분군 모두 심각한 훼손을 겪어야 했습니다. 지금은 온전하지 못한 모습이나마 옥봉에 1기, 수정봉에 2기가 남아 있습니다. 2020년 한 차례 발굴을 했고 앞으로 정비를 진행할 계획이라 합니다.

옥봉고분군과 수정봉고분군은 일제 침탈을 가장 혹독하게 당한 것으로도 유명합니다. 일제는 1910년에 수정봉에서 2기, 옥봉에서 1기를 발굴 조사했습니다. 그러고는 『조선고적도보』에 실측도면과 사진·설명을 간단히 올리고는 입을 싹 닦았습니다.

진주 옥봉고분군

유물을 제법 발굴했지만 세밀한 실태는커녕 대략적인 분량이나 종류조차 알리지 않았습니다. 80년이 지난 1990년에야 일본 도쿄대학의 '총합전시관 건축사 부문'에 들어가 있는 것이 확인이 되었습니다.

6세기 초·중반에 만들어진 옥봉과 수정봉 고분군은 내부 구조가 백제의 영향을 받았다는 특징이 있습니다. 주인공을 안치하고 유물을 묻는 내부 공간에서 대가야 양식을 버리지 않으면서도 백제 양식을 받아들였습니다. 6세기 초·중반에 백제가 세력을 확장한 역사적 사실을 반영하는 유적이라는 말이 나오는 까닭입니다. 영향력 확대 또는 고수를 위해 치열하게 각축전을 벌이는 백제와 대가야의 모습이 어렵지 않게 그려집니다.

백제가 왜 여기에, 의령 중동리고분군

중동리고분군은 의령읍의 충익사 뒤편 남산 서쪽 기슭에 있습니다. 모두 다섯 기의 고분으로 이루어져 있는데 지금껏 의령을 대표하는 고분군으로 대접받고 있습니다. 봉분이 대략 밑지름 15m~20m로 의령의 가야고분군 가운데 가장 크기 때문입니다.

제1호분과 제4호분에 대한 발굴조사에서 조성 시기가 5세기 후반~6세기 초반으로 확인됐습니다. 아울러 접시·항아리 같은 토기와 칼·도끼·낫 같은 철제 농기구, 그리고 장식용 말갖춤 등 몇몇 장신구 조각이 출토됐습니다. 종류도 다양하지 않고 분량도 많지 않았던

의령 중동리고분군

까닭은 극심한 도굴이었습니다.

주인공을 안치한 무덤 내부 공간에서는 백제계의 영향이 확인됐습니다. 철제 널고리·널못이 백제계 양식이었으며 백제에서만 보이는 내부 구조도 나타났습니다. 이처럼 시간과 공간의 경계를 뛰어넘어 돌발적으로 백제의 색채가 나타나는 것은 남강 유역 몇몇 고분에서 띄엄띄엄 나타나는 현상입니다.

아직 명확하게 밝혀진 원인은 없습니다. 당시 의령과 남강에서 무슨 일이 벌어지고 있었는지 슬그머니 궁금해지기도 합니다. 여기에 묻힌 이 유력 지배자는 백제와 어떤 밀접한 관련을 맺고 있었을까요?

겉은 가야 속은 신라, 양산 북정리고분군

　북정리고분군은 양산을 대표하는 고대 유적입니다. 5~6세기에 조성된 크고 작은 고분들이 언덕배기에 들어서 있습니다. 이들 고분은 형식은 가야지만 안에 들어 있는 내용은 신라라는 특징을 지니고 있습니다.

　신라 고분은 평지에 있지만 북정리고분군은 산기슭에 능선을 따라 있습니다. 가야 고분에서는 토기가 많이 나오지만 북정리고분군에서는 금동제 장식품이 많이 나왔습니다. 경주에 있는 대형 고분에서 주로 볼 수 있는 것들로 북정리고분군의 주인공들이 신라에 포섭된 가야 세력이었음을 짐작할 수 있습니다.

양산 북정리고분군

북정리고분군 가운데 가장 유명한 것은 부부총과 금조총입니다. 부부가 함께 묻힌 부부총은 5세기 중반에 숨진 남편의 무덤을 먼저 만들었고 그 뒤 아내가 숨지자 함께 묻었으며 추가로 3명의 순장도 확인되었습니다. 남편은 금동관, 금동신발, 금귀걸이, 유리목걸이, 은허리띠, 은반지에 고리자루큰칼을 착용했고 아내 또한 은으로 만든 관, 금귀걸이, 곡옥목걸이, 은허리띠, 은팔찌를 하고 있어 지극히 화려합니다.

금조총은 부부총을 재조사하다가 발견됐습니다. 금으로 만든 새다리 장식품이 나와서 금조총이라는 이름을 얻었습니다. 금동모자, 금귀걸이, 금팔찌, 은허리띠, 청동솥, 철제품, 토기 등이 출토되었는데, 구릉 높은 자리에 커다랗게 자리 잡은 부부총과 달리 그 아래 비탈에 놓여 있는 조그만 금조총에서 이렇게 많은 유물이 나온 것도 놀라운 일이었습니다.

네가 왜 거기서 나와? 산청 전구형왕릉

구형왕릉은 우리나라에서는 보기 드물게 돌을 쌓아 만든 무덤(적석총)입니다. 비탈진 산기슭을 따라 일곱으로 층을 이룬 가운데 네 번째에 감실 비슷한 구멍이 있습니다. 전후좌우로 넓게 퍼져 있고 위로도 돌더미가 높다랗게 솟아 있습니다. 신라·백제나 가야의 고분에 익숙한 사람에게는 매우 신선한 장면이기도 합니다.

구형왕릉 앞에 '전(傳)'이라는 글자가 붙은 것은 구형왕의 무덤이라고 확정되지는 못했고 그렇게 전해지고 있다는 얘기입니다. 구형

산청 전구형왕릉

왕 김구해는 김해 가락국 마지막 10대 임금으로 532년 신라에 나라를 넘겼습니다. 멸망한 마지막 임금인데도 김해에서 멀리 떨어진 지리산 산청의 왕산 자락에 이렇게 큰 무덤을 남겼습니다.

구형왕의 무덤이 아니라는 얘기도 있고, 구형왕이 도망해 있으면서 고토 회복을 꿈꾸며 여러 작업을 벌였다는 주장도 있고, 신라가 아량을 베풀어 구형왕 일족이 여기 들어와 살도록 했다는 이야기도 있습니다. 기록이 남아 있지 않으니 무슨 사정이 있었는지는 짐작하기 어렵고 다만 설만 무성합니다.

구형왕릉 근처에는 가락국 시조 수로왕의 별궁이었는데 구형왕이 만년에 거처했다는 수정궁터와 그 수정궁 자리에 지어졌다는 왕산사터 같은 관련 유적들이 있습니다. 그가 올라 옛적 도읍을 바라 봤다는 망경루도 있습니다.

구형왕의 증손자인 김유신의 활터였다는 사대비도 있고, 김유신이 시릉살이를 했다고 적어놓은 빗돌도 있습니다. 구형왕과 왕비를 모시는 전각인 덕양전은 햇살이 바른 자리에 널찍하게 터를 잡고 있습니다.

남강 물길 따라 들어선 산청 생초고분군

경남 산청군 생초면 일대에는 남강의 상류를 이루는 물줄기인 경호강이 흐릅니다. 생초고분군은 이 경호강이 초곡천·계남천 두 지천을 받아들이면서 이루어진 너른 들판이 내려다보이는 산자락에 자리 잡고 있습니다. 한눈에 딱 보아도 살기 좋은 마을 풍경입니다.

생초면 어서리 일대에서 남쪽으로 뻗어내리던 태봉산(해발 368m)이 한 번 멈추면서 높이 195m 전후의 야산이 만들어졌는데 그 정상과 비탈에 중대형 20기 남짓을 비롯해 수많은 소형 고분이 있습니다.

가장 높은 자리에 있는 대형분인 제M13호분에서는 많은 토기와 함께 철기 제품과 장신구·위세품이 여럿 출토되었습니다. 특히 금동장식 말갖춤은 발걸이·말띠드리개·말띠꾸미개로 한 벌을 이루고 있었으며, 고리자루큰칼은 금동으로 장식한 봉황무늬(고리)와 용

산청 생초고분군 제M12·13호분

솟음치는 2마리의 용무늬(손잡이)가 놓여 있었습니다. 무덤의 주인
공이 대단한 권력을 보유하고 일대를 통치한 최고 지배자였음을 알
려주는 유물입니다.

이밖에도 여러 고분에서 목걸이·귀걸이와 팔찌, 큰칼·손칼·도
끼 등이 나왔습니다. 그리고 가장 많은 분량을 차지한 것은 5세기
말~6세기 초에 만들어진 대가야 계통의 토기였습니다. 당시 남강
상류가 대가야 영향력 아래에 있었음이 이로써 분명해지게 되었습
니다.

그렇지만 대가야계만 있는 것은 아니었습니다. 소가야는 물론
백제계와 왜계 토기도 있었습니다. 게다가 제M32호분은 돌로 쌓은

석실이 완전히 백제식이었고, 제9호분에서는 왜에서 만들어진 청동 거울도 나왔습니다. 생초고분군의 주인공들이 대가야의 영향 아래에 있으면서도 이들 지역과 독자적으로 교류했음을 알려주는 흔적이라 하겠습니다.

임나일본부설을 깨뜨린 운평리고분군

전남 순천시 서면 운평마을 뒷산에 자리 잡은 운평리고분군은 아직 문화재로 공식 지정되지 않아서 겉으로 드러난 행색은 초라합니다. 하지만 전남 동부에서 유일하게 크고 높은 봉분을 갖춘 대규모 고분군입니다. 그동안은 마한계 아니면 백제계로 알려져 있었지만 발굴 결과에 많은 이들이 깜짝 놀랐을 만큼 의미심장한 가야유적입니다.

첫째는 일본 학자들이 내놓았던 임나일본부설(고대 일본이 한반도 남부를 지배했다는 주장)을 무위로 돌리는 유물이 나왔다는 것이고, 둘째는 가야의 서쪽 경계가 그동안의 통설과 달리 백두대간을 넘어 섬진강의 서쪽에 있었음을 밝혀주었다는 것입니다.

먼저 임나일본부설 관련은 이렇습니다. 『일본서기』를 보면 "서기 512년 12월에 백제가 사신을 보내 일본 천황에게 임나4현(사타·모루·상다리·하다리)을 달라고 사정하자 그대로 주었다"는 내용이 나옵니다. 섬진강의 서쪽 해안 전남 동부권(순천·광양·여수)이 임나4현이고 순천은 사타라는 것이 통설입니다. 이 땅을 일본 천황이 자기 마음대로 주었다고 적어 놓았으니 일본 학자들에게 임나일본부설의 근거가 되었던 것입니다.

만약 사실이라면 운평리고분군의 여러 무덤에서는 왜계 유물이 줄줄이 나와야 맞습니다. 그런데 왜계 유물은 거의 나오지 않았고 출토된 대부분이 대가야계였습니다. 발굴에서 확인되는 역사적 사실은 512년을 전후해 백제가 순천 일대에서 이 대가야를 몰아내고 새로운 지배세력이 되었다는 것인데, 『일본서기』가 허구의 천황을 들먹이며 허세를 부렸던 것입니다.

섬진강 서쪽에도 가야가

그리고 이 대가야계 유물은 임나일본부설뿐 아니라 '전라도가 전기에는 마한이었고 후기에는 백제였다'는 그동안의 통념도 깨뜨렸습니다. 그러니까 가야의 영역이 경상도에만 그치지 않고 한때는 섬진강을 넘어 전남 동부에까지 이르렀음을 알려주는 지표라서 역사적으로 큰 의미를 가지는 것이지요.

운평리고분군의 조성 시기는 4세기 초부터 6세기 초까지 대략 250년입니다. 고분군에서 발굴된 유물을 시기별로 살펴보면 5세기 말~6세기 초에는 대가야계 유물이 나왔고, 이전 시기로 거슬러 오르면 4~5세기 초에는 토착세력(사타국)과 아라가야, 5세기 중반~6세기 초에는 소가야(고자국)계 문물이 나오게 됩니다.

이를 통해 우리는 아라가야→소가야(고자국)→대가야로 사타국의 파트너가 바뀌는 역사를 읽을 수 있습니다. ①포상팔국 전쟁 이후 아라가야의 강성, ②고구려 광개토왕의 가락국 침공 이후 고자국의 해상교역 부상, ③대가야의 섬진강 하구 장악 등은 실제 역사에서 순차적으로 일어난 사건입니다. 그런 흐름을 입증하는 유물들이 순평리고분군에서 나온 셈이지요.

이런 유물의 구성과 전개는 순천의 토착세력이 애초부터 상당한 실력을 갖추고 있었다는 얘기를 해주고 있습니다. 그들은 이런 실력을 바탕으로 여러 가야 세력들과 교류하며 문물을 받아들였습니다. 마지막으로 등장하는 대가야 또한 직접 지배까지는 나아가지 못하고 간접 지배에서 멈추었습니다.

내부 구조는 대가야계인데 안에 있는 유물은 백제계인 고분도 있습니다. 이는 일대에 대한 지배권이 대가야에서 백제로 넘어간 뒤에도 한동안 토착세력이 독자성을 잃지 않았음을 보여줍니다. 내용(유물)은 금방 바뀌지만 형식(무덤 내부 구조)은 오래가거든요. 백제가 직접 지배를 실행할 수 없었을 만큼 토착세력의 실력이 탄탄했던 것입니다.

부산 복천동고분군

낙동강 동쪽의 가야 복천동고분군

부산을 대표하는 고대 유적인 복천동고분군은 2~7세기 600년 동
안 조성되었으며 중심 연대는 4~5세기입니다. 가야가 강성할 때는
가야 색채가 뚜렷하고 신라가 번성하면 신라 색채가 짙어지는 특징
이 있습니다. 신라의 세력권인 낙동강 동쪽에 있으면서도 전기 가야
의 중심이었던 김해 가락국과 가까웠기 때문입니다.

동래읍성이 있는 부산 동래구 복천동 마안산 남쪽 기슭 해발
62.5m~45m에 서남향으로 길이 500m 정도 놓여 있지만, 원래는 동
래시장까지 1km 남짓 이어져 있었습니다. 먼저 남서쪽에서 북동쪽
으로 올라가면서 만들어졌다가 제10·11호분에서 제8·9호분으로 돌
아선 다음 내려오면서 들어섰습니다. 다른 가야 고분군들과 마찬가
지로 대형 무덤은 능선에 들어서고 중·소형은 그 둘레나 비탈에 자

리를 잡았습니다.

600년이라는 긴 세월에 여러 곡절을 겪었기에 유물도 풍성하고 다양합니다. 1969년부터 발굴이 이어져 1만 점 넘게 나왔습니다. 그중 25%를 차지하는 토기들이 고분군의 성격을 뚜렷하게 보여줍니다. 4세기 초까지는 고유 토착 양식, 4세기 초~중엽은 김해식, 4세기 후엽은 김해·신라식이 같이 나타나고 5세기 초부터는 신라계가 대다수입니다.

나머지는 철기 등 금속이 32%, 장신구가 40%인데 금동관 같은 장신구를 비롯해 제의용으로 쓰였을 청동 칠두령(일곱 머리 청동방울), 독특한 형상의 말머리 장식 뿔잔도 있습니다. 금은 제품은 많지 않고 철기가 많은 것이 다른 가야와 대체로 비슷합니다. 창·칼·화살촉 같은 무기와 갑옷·투구·말갑옷, 당시 화폐 기능을 했던 덩이쇠, 미늘쇠나 고리자루큰칼 같은 위세품이 상당히 많습니다.

말머리장식뿔잔(복제품, 복천박물관)

성주 성산동고분군

『삼국유사』의 그 가야 성산동고분군

성산동고분군은 경북 성주군 성주읍에 있습니다. 성주의 중심
에 솟아 있는 성산(해발 389m)에서 서북쪽으로 뻗어내린 능선과 비탈
에 넓게 퍼져 있습니다. 봉토분이 320기를 웃돌고 지름 20m 안팎의
중·대형분도 40기가량인데다 출토된 유물 또한 분량이 많고 수준이
높아 성주에서 으뜸으로 꼽히는 중심고분군입니다.

조성된 시기는 5세기 초엽에서 6세기 초엽까지인데요, 일연 스님이
『삼국유사』에서 5가야 가운데 하나라고 소개한 성산가야의 고장입니
다. 그래서 가야의 색채와 성격을 뚜렷하게 띨 것이라고 짐작하는 사람

들이 많지만 유물을 보면 전혀 그렇지 않습니다.

성산동고분군 출토 유물은 토기의 비중이 높다는 특징이 있습니다. 해방 이후 6기를 발굴했는데 다양한 종류로 1100점 넘게 나왔습니다. 당시 사람들이 먹었던 음식물이 담겨 있는 토기도 있었습니다. 벼 껍질과 복숭아 씨앗이 나왔고 멀리 바다에서 나는 고둥·조개 껍데기와 생선뼈도 나왔습니다.

반면 장신구(금귀걸이·은팔찌·은반지)와 위세품(은관장식·고리자루큰칼·금동 장식 말갖춤), 그리고 철기(도끼·화살촉·칼 등)는 다른 고분군에 견주면 상당히 적은 편이라 할 수 있고 갑옷·투구는 아직까지 출토된 적이 없습니다.

신라 지배 아래서도 위세를 유지한 비결

토기 가운데 가장 많은 것이 5세기 초엽의 신라계입니다. 성주식 토기도 나왔는데 5세기 중엽에 전형적인 양식이 나타나고 5세기 후반에 들면서 그 특색이 뚜렷해졌습니다. 바로 이웃한 경북 고령의 대가야계 색채를 띠는 토기도 출토되었는데 이는 성주에서만 특징적으로 보이는 중간적 성격의 산물로 이해되고 있습니다.

성주 토착세력은 신라 지배를 받기 시작한 이후로도 독자적인 토기 양식을 성립시켰고 크고 높은 봉분까지 계속 이어갔습니다. 이처럼 이전과 다를 바 없는 지위와 권세를 유지했다는 것은 신라가 직접 지배에 이르지 못하고 간접 지배에 그쳤음을 의미합니다.

그들이 강성했던 원인은 무엇일까요? 학계에서는 성주가 갖는 지정학적 위치에 주목합니다. 서쪽으로 김천을 지나 백두대간을 넘으면 전북 무주 나제통문이 지척입니다. 또 이천 물길을 타고 남동쪽으로 가면 낙동강이 바로 나옵니다. 내륙의 교통 요지로서 가야·신라와 마한·백제를 이어주는 역할을 했다는 얘기입니다. 성산동 바로 옆 예산리에서는 그런 교류를 방증하는 마한계 유물(청동제 말모양 허리띠고리)이 출토되기도 했습니다.

가야 유물 박물관·전시관

번호	이름	주소	대표
		홈페이지	전화
1	거창박물관	경남 거창군 거창읍 수남로 2181산길 55 https://www.geochang.go.kr/museum/Index.do	055-940-8740
2	경남대학교박물관	경남 창원시 마산합포구 월영동 355-1 http://museum.kyungnam.ac.kr	055-249-2924
3	경북대학교박물관	대구시 북구 대학로 80 museum.knu.ac.kr/	053-950-6869
4	경상국립대학교박물관	경남 진주시 진주대로 501 http://museum.gnu.ac.kr	055-772-0601
5	계명대학교행소박물관	대구시 달서구 달구벌대로 1095 www.hengsomuseum.com/	053-580-6992
6	고성박물관	경남 고성군 송학로 113번길 50 https://www.goseong.go.kr/gsmuseum	055-670-5822
7	국립김해박물관	경남 김해시 가야의 길 190 https://gimhae.museum.go.kr	055-320-6800
8	국립순천대학교박물관	전남 순천시 중앙로 255(석현동) museum.scnu.ac.kr	061-750-5041
9	국립전주박물관	전북 전주시 완산구 쑥고개로 249 https://jeonju.museum.go.kr/korean/	063-223-5651
10	국립중앙박물관	서울시 용산구 서빙고로 137 https://museum.go.kr	02-2077-9000
11	국립진주박물관	경남 진주시 남강로 626-35 진주성 https://jinju.museum.go.kr	055-740-0698
12	국립창원대학교박물관	경남 창원시 의창구 창원대학로 20 http://museum.changwon.ac.kr	055-213-2431
13	군산대학교박물관	전북 군산시 대학로 558(미룡동) https://www.kunsan.ac.kr/museum/ index.kunsan	063-469-4191
14	남원유곡리와 두락리고분군홍보관	전북 남원시 인월면 성내길 49-6 -	063-620-6158
15	대가야박물관&왕릉전시관	경북 고령군 대가야읍 대가야로 1203 http://www.daegaya.net	054-950-7103
16	대성동고분박물관	경남 김해시 가야의 길 126 https://www.gimhae.go.kr/ds.web	055-350-0411

번호	이름	주소 홈페이지	대표 전화
17	동아대학교석당박물관	부산시 서구 구덕로 225(부민동2가) museum.donga.ac.kr/	051-200-8493
18	밀양시립박물관	경남 밀양시 밀양대공원로 100 www.miryang.go.kr/msm/	055-359-6060
19	복천박물관	부산시 동래구 복천로 63 museum.busan.go.kr/bokcheon/	051-554-4263
20	부산시립박물관	부산시 남구 유엔평화로 63(대연동) museum.busan.go.kr/busan/	051-610-7111
21	산청박물관	경남 산청군 생초면 산수로 1064 www.sancheong.go.kr/schmuseum/index.do#n	070-8990-2133
22	성산패총전시관	경남 창원시 성산구 성산패총로 137 http://culture.changwon.go.kr/	055-272-4028
23	성주성산동고분군전시관	경북 성주군 성주읍 성산리 822 sj.go.kr/goboongoon/main.do	054-930-8385
24	양산시립박물관	경남 양산시 북정로 78 http://www.yangsan.go.kr/museum/main.do	055-392-3314
25	의병박물관	경남 의령군 의령읍 충익로 1-25 http://ub.uiryeong.go.kr/	055-570-2845
26	장수가야홍보관	전북 장수군 장수읍 한누리로 405 -	063-350-2327
27	창녕박물관	경남 창녕군 창녕읍 창밀로 34 https://www.cng.go.kr/tour/museum.web	055-530-1500
28	창원시립마산박물관	경남 창원시 마산합포구 문신길 105 https://www.changwon.go.kr/depart/ contents.do?mId=0305080000	055-225-7171
29	함안박물관 &말이산고분전시관	경남 함안군 가야읍 고분길 153-31 https://www.haman.go.kr/museum.web	055-580-3901
30	함양박물관	경남 함양군 함양읍 필봉산길 55 https://www.hygn.go.kr/03551/03556.web	055-960-5546
31	합천박물관	경남 합천군 쌍책면 황강옥전로 1558 http://www.hc.go.kr/museum.web	055-930-4882